朝日新書
Asahi Shinsho 754

閉ざされた扉をこじ開ける

排除と貧困に抗うソーシャルアクション

稲葉　剛

朝日新聞出版

はじめに

「現在、無職で生活費、住む場所がありません。ですが、来週の月曜日から派遣で仕事をする事が決まりました。どうすれば宜しいかと思いご相談いたしました」（40代男性）

「住む場所がなく、現在所持金も百円程で食事も三日程食べておらず、現在どうしていいか困り果ててメールさせて頂きました。区役所が開く月曜日までとても持ちそうになく、御相談させて頂きたいのですが、どうすれば良いでしょうか？」（30代男性）

これらの文章は、私が代表理事を務める一般社団法人つくろい東京ファンドに届いた相談メールの一部である。つくろい東京ファンドでは、東京都内で住まいを失った生活困窮者のための個室シェルターを運営しており、上記のメールを送ってくださった人たちも、その後、シェルターの入居につなげることができた。

だが、住まいを失った生活困窮者のうち、私たちのような民間の支援団体や行政による公的な支援策につながる人は全体のごく一部にしか過ぎないと私は感じている。

「見えない人々」

官民の支援策につながっていない貧困層は、社会の側からは「見えない人々」として扱われる。

「見えない人々」とは、是枝裕和《これえだひろかず》監督の映画『万引き家族』のパルムドール（最高賞）受賞で話題になった2018年の第71回カンヌ映画祭の授賞式において、審査委員長のケイト・ブランシェットがスピーチで使った言葉である。

「今回の映画祭に出された作品の多くが〝Invisible People（インビジブル・ピープル＝見えない人々）〟に光をあてる作品が多かった、映画の役割とはそういうものなのではないか」とケイト・ブランシェットは語り、その場でスピーチを聞いていた是枝監督もその言葉に共感したと自身のブログで述べている。

『万引き家族』は、犯罪でしかつながれなかった家族を描いたフィクションである。社会から孤立した家族が、犯罪によって互いに支え合う姿は切ないものであったが、長年、生活困窮者支援を続けてきた私にとっては既視感のある光景であった。

現代の日本では、社会から孤立し、福祉行政にも、民間の支援団体にもつながれていない「見えない人たち」が増えているのではないだろうか。

そうした人たちのごく一部から、結果的に法を犯す行為に関わってしまい、新聞の社会面の記事に氏名が出る人たちが一定数、現れる。ある意味、逮捕という形でしか、公的機関につながれず、可視化されなかった人たちである。

私たち生活困窮者支援の関係者は、テレビのニュースを見たり、新聞の社会面を開くことで初めて、その人の存在を知ることになる。そして、言っても仕方のない仮定の話であると自覚しつつも、「この人がもっと早い段階で支援につながっていれば」と嘆息するのだ。

2018年5月17日夜、名古屋市内のインターネットカフェの店内で利用客の会社員がナイフで刺殺され、22歳の無職の男性が逮捕された。男性と亡くなった会社員の間に面識はなく、店内での騒音トラブルが直接のきっかけになって会社員を襲ったようである。彼は駆けつけた警察官にも襲いかかり、殺害しようとしたという。

報道によると、男性は1年以上前に福島県の実家を出て、各地のネットカフェを泊まり歩いていたという。職に就けず、不安定な生活にいらだちを募らせた結果の犯行だと見られている。

裁判において弁護側は、当時、被告が心神喪失の状態だったとして無罪を主張していたが、名古屋地裁は完全責任能力を認め、2019年10月、懲役24年の有罪判決を言い渡した。

私が都内で運営するシェルターには、彼のような若年の男性が助けを求めてくることも少なくない。事件を起こした男性も、早い段階で適切な福祉的支援や医療的なケアにつながっていれば、違う結果になったのではないかと思わざるを得ない。

2018年6月2日には、新宿区歌舞伎町のコインロッカーに生後間もない女児の遺体を遺棄した容疑で、25歳の女性が逮捕された。報道によると、容疑者は「漫画喫茶の個室で産んだが、赤ちゃんが声を上げたので周囲にばれると思って殺した。数日後に捨てた」という趣旨の供述をしており、その後、殺人容疑でも再逮捕された。

この女性がどのような経緯を経て、漫画喫茶で暮らすようになったのか。子どもの父親や彼女自身の親はどこにいるのか。なぜ誰にも助けを求められず、一人で出産をすることになったのか。明らかになっていない点は多いが、彼女が貧困による住居喪失や社会的な孤立という問題を抱えていたことは間違いないと思われる。

居場所のない若者たちの相談支援に取り組む一般社団法人Ｃｏｌａｂｏ代表の仁藤夢乃《にとうゆめの》さんに、逮捕された女性についてどう思うか聞いたところ、「彼女には頼れる人や安心して生活できる場所がなかったのではないか、たった一人でどれだけ不安だっただろうかと思いました。妊娠までも孤立困窮していたのかもしれませんし、妊娠後も誰にも相談できずに追い詰められていたのではないか」とのコメントをいただいた。

そして、「彼女に気づいて、声をかけた人はいなかったのだろうか。私も含めた支援者や、誰かが早い段階で彼女に出会い、支援につながれていたら」とやるせない思いを語ってくれた。

生活に困窮し、住まいを失った人が犯罪の加害者になってしまうケースばかりを取り上げてきたが、他者に危害を与えてしまう事件を起こしてしまう人は、「氷山の一角」に過ぎない。

その背後には、ホームレス状態に至ってしまったことに絶望して自死に追い詰められる人、生活苦の中で健康を害して命を落としてしまう人など、「見えない」状態のまま、社会から退場していく多くの人々が存在する。また、貧困と孤立の中で自らの生存を確保するのがやっとという人は、老若男女問わず、数限りなくいるだろう。

しかし、のぞき見趣味的な週刊誌の記事を除けば、こうした人々の実情が社会的に注目されることはあまりない。社会から注目されるためには、貧困状態にある当事者が自ら声をあげる必要があるが、私たちの社会では、大人の貧困は自己責任であるとする考え方が強いため、生活に困窮している人々が声をあげにくい状況にあるからだ。

こうして、貧困層はますます「見えない」存在にさせられていく。

社会的排除とは何か

本書は、そうした「見えない人々」の側から社会を見ていこうという試みである。

それは「社会的に排除された側」から社会のあり方を見つめなおす試みと言い換えても

よいだろう。

社会的排除とは、1980年代以降、フランスやイギリス等、ヨーロッパ各国で広がった若年層を中心とする新たな貧困を分析するために発展した概念である。

日本で社会的排除をめぐる議論が活発になったのは、民主党政権（2009年〜2012年）の時代である。2011年、菅直人《かんなおと》首相のもとに「一人ひとりを包摂する社会」特命チームが設置され、翌2012年には内閣官房社会的包摂推進室が中心となって「社会的排除にいたるプロセス〜若年ケース・スタディから見る排除の過程〜」という報告書が取りまとめられた。

その報告書では、EUにおける社会的排除の定義を引用した上で、この用語を以下のように説明している。

「社会的排除とは、物質的・金銭的欠如のみならず、居住、教育、保健、社会サービス、就労などの多次元の領域において個人が排除され、社会的交流や社会参加さえも阻まれ、徐々に社会の周縁に追いやられていくことを指す。社会的排除の状況に陥ることは、将来の展望や選択肢をはく奪されることであり、最悪の場合は、生きることそのものから排除される可能性もある。」

住宅や仕事、公的サービスにアクセスできず、「社会の周縁に追いやられていく」というプロセスの行き着く先には、「生きることそのものから排除される」という事態が待ち構えている。この説明は、私自身が生活困窮者から聞き取ってきた貧困悪化のプロセスそのものである。

生活に困窮して住居を喪失した人が失うのは、生活の基盤である住まいだけではない。仕事を探そうにも、履歴書に記載することのできる住所がないことがネックとなる。かつて住んでいた住居に置いていた住民票が役所によって消除されてしまうと、求職先から住民票の提出を求められても、提出することができなくなってしまうからだ。

公的な支援を受けようと思い、役所の窓口を訪れても、ホームレス状態にあることにより、差別的な扱いを受けてしまう。

住まいを失ってしまったことを自ら恥ずかしく思うあまり、自分から家族や友人との人間関係を断ってしまう。

体調が悪化しても、医療費を用意できないために放置をしてしまう。

このような社会的排除のプロセスの果てにあるのは、生存そのものが脅かされる事態である。

本書では、排除され、見えなくさせられている人々の視点から現代の日本社会で何が起こっているのかを見ていきたい。

そして、私自身も関与している「排除と貧困に抗うソーシャルアクション」を紹介し、どのように社会を変えていけばいいのか、現場から考えていきたい。

閉ざされた扉をこじ開ける

排除と貧困に抗うソーシャルアクション

目次

第2章 世代を越えて拡大する住まいの貧困 75

第4章　見えなくさせられた人たちとつながる　

表作成／鳥元真生

第1章　２０２０年東京五輪の陰で排除される人々

都市空間からの排除

東京五輪の開催が間近に迫っている。

私たちホームレス支援団体の関係者が最も懸念しているのは、東京五輪の影響で路上生活者が都市空間から排除されることだ。

2013年9月、ブエノスアイレスで開かれたIOC総会で、2020年オリンピック・パラリンピックの東京開催が決まった。

私は1990年代半ばから路上生活者を中心とする生活困窮者支援の活動に関わってきたが、生活保護の申請支援等を中心とする従来の支援のあり方に限界を感じていた。

このままでは、2020年までに東京から路上生活者が一掃されてしまうという結果だけが残ってしまうのではないか。そう危惧した私は、2014年、一般社団法人つくろい東京ファンドを設立。空き家や空き室を活用した生活困窮者への住宅支援事業をスタートさせた。

大規模イベントに直接・間接に関連づける形で都市の再開発が進められ、その影響により路上生活者のテントや段ボールハウスが撤去されるというのは、1990年代以降、国内各地で繰り返されてきたことである。

だが、東京五輪に伴う再開発は広い範囲に及んでいる。ここ数年、「Ｔｏｋｙｏ２０２０」に向けて、東京の街は様変わりしつつある。

例えば、「国際アート・カルチャー都市構想」を掲げる豊島区は２０１７年、「『まち全体が舞台の誰もが主役になれる劇場都市』の実現に向けて、２０２０年東京オリンピック・パラリンピックまでに、池袋駅周辺の四つの公園を整備」するという計画を発表した。整備対象の公園は、池袋西口公園、中池袋公園、南池袋公園、東池袋の造幣局跡地に作られる新公園の四つである。

この４公園整備計画の中心となっているのは、池袋西口公園に野外劇場「グローバルリング」を作るというプロジェクトである。東京芸術劇場に隣接する広場を「常設・仮設ステージと大型ビジョンを駆使し、地元イベント、パブリックビューイングからフルオーケストラまで多様な用途に対応」できる劇場空間に転換するという内容だ。

そして、池袋西口公園再開発の起爆剤として期待されたのが、音楽イベント「ラ・フォル・ジュルネ・オ・ジャポン２０１８」（２０１８年5月3日〜5日）である。

池袋西口公園から消えた路上生活者

当時、池袋西口公園には数名の路上生活者が暮らしていた。

2018年7月17日、豊島区議会の豊島副都心開発調査特別委員会で、高野之夫区長は言葉を慎重に選びながらも、以下のような表現で路上生活者を追い出したことを事実上、認めている。

「ホームレスの問題についても、なかなか人権の問題、あるいは人に迷惑をかけていないとか、いろんな課題があって、なかなか排除というのは難しいということで、ずっとできなかった」

「急遽、ラ・フォル・ジュルネの前の日に、ここにやはりお住みになるのは違法でありますと手続きをとりながら、警察当局も含めて、地元の方も本当に大勢参加して、このような形をとらせていただいた」

また、同日の同じ委員会で、豊島区の公園計画特命担当課長は、今後、ホームレス対策として池袋西口公園の警備を強化することを検討していると答弁している。

池袋西口公園にいた路上生活者はどこに行ったのだろうか。長年、池袋で路上生活者支援を続けているNPO法人TENOHASI（てのはし）事務局長の清野賢司《せいのけんじ》さんに話を聞いた。

清野さんによると、池袋西口公園にはかつて10人以上の路上生活者が寝泊まりをしていたという。2018年5月の時点でも数人が野宿をしていて、その中核は5人のグループだったとのことだ。

「2018年のゴールデンウィークの時、区長や公園緑地課長が警察と一緒に来て、突然、出ていけと言われたそうです。池袋警察署に全部、荷物を運ばれて、後で取りに行ったら、いちいちチェックされて、ごちゃごちゃ言われて返された、という話を夜回りの時に聞きました」

「私たちが公園緑地課に問い合わせたところ、『すぐに閉鎖はしない。地元の商店街から、都知事も来るような大きなイベントが西口公園であるのにホームレスがいて困る、という苦情が出たので、警察と一緒に行って、荷物をどかせてもらった』、『また近々、イベントがあるので、その時はいったん外に出てもらいたい』と言われました。完全排除ではないというので、いったんは安心しましたが、秋には野外劇場建設のためにフェンスが建てられ、公園から排除されることは目に見えているので、野宿をしている人たちと話し合いをしました」

私が代表理事を務めるつくろい東京ファンドはＮＰＯ法人ＴＥＮＯＨＡＳＩとともに、アパートの空き室を活用した個室シェルターの整備を進めている。清野さんが5人グループに対し、プライバシーの保たれた個室の部屋に入居して、そこで生活保護を申請するという方法があると提案したら、全員、乗り気になったそうだ。

そこで、個室シェルターの空きが出るたびに順次、入居していただき、２０１９年1月までに5人全員が路上生活から抜け出すことができた。そして現在では、全員が自分名義のアパートに移って、地域で生活をしている。

福祉事務所は何をしていたのか

この間、豊島区の福祉事務所は何をしていたのだろうか。

２００２年に制定されたホームレス自立支援法では、第11条で行政が公園などの公共空間の「適正な利用を確保する」際、福祉部門と連携をしなければならないと定めている。

２０１８年のゴールデンウィークの排除の際には、豊島区の福祉事務所の管理職も来て、そこに野宿をしている人たちに生活保護を受けることを勧めたようである。しかし、豊島区など首都圏の福祉事務所ではホームレスの人たちが生活保護を申請した際、民間の宿泊施設を紹介するのが常になっている。

民間の宿泊施設の中には、入所者に支給される生活保護費の大半を宿泊費・食費等の名目で徴収をしながら、実際には劣悪な居住環境のもとに住まわせる施設が少なくない。こうした施設は「貧困ビジネス」として批判されているが、特に豊島区内には約20人が同じ部屋に暮らすという典型的な「貧困ビジネス」型の施設が存在しており、福祉事務所が路上生活者に生活保護を勧める際は、この施設に入所することが暗黙の前提となっている。

池袋西口公園に暮らしていた路上生活者は皆、この施設の悪評を聞いたことがあったため、区の職員の誘いに応じた人は一人もいなかったそうだ。

清野さんは池袋西口公園に限らず、福祉事務所が公園等の路上生活者に積極的に声かけをすることはほとんど聞いたことがないと言う。

「唯一の例外が、長年、池袋の駅構内にいた女性です。体調が悪化してどんどん衰弱したので、私たちもずっと声かけを続けていましたが、なかなか支援につながりませんでした。この方には福祉事務所の職員が声をかけて、亡くなる一歩手前で救急搬送をして、病院につなげてくれました。この女性については、市民から何とかしてほしいという通報がかなりあったので、行政が動いたのでしょう」

「オリンピックとどこまで関連があるか、わかりませんが、池袋駅の構内は年々、警備が厳しくなって、野宿できなくなっています。駅周辺のあるビルでは、長年、警備員と野宿の人との間に紳士協定が結ばれていて、『ちゃんと片づけたら、夜は寝ていいよ』ということになっていたのですが、ビルのリニューアルに伴い、いられなくなりました。警備の人たちは『俺たちはいいんだけど、上が……』と言っていたそうです。そこにいた人たちは別のビルの前に移動しましたが、そこも追い出されるのは時間の問題です」

NPO法人TENOHASIの支援活動により、池袋周辺で野宿をしている人の数は、7年前の約100人から半減しているが、残された人たちが野宿できる場所は減る一方である。

新国立競技場建設に伴う排除

このような排除は、都内各地でも発生している。

東京五輪のメイン会場になる新国立競技場は、旧国立競技場を取り壊した跡地に建設されたが、敷地面積が旧競技場よりも大幅に広がったため、隣接する都立明治公園の一部も競技場の敷地に組み込まれることになった。

新国立競技場は2016年12月に着工されたが、それに先立つ同年1月、東京都は競技場を管理・運営する日本スポーツ振興センター（JSC）に対して、都立明治公園の一部を無償貸与した。公園の一部を五輪のために差し出したのである。

しかし、この時点では明治公園内に路上生活者のテントが数軒残っていた。そこでJSCはテントを撤去するため、東京地裁に仮処分を申し立て、東京地裁が認めたため、同年4月にテント撤去の強制執行が実施された。

路上生活の当事者と地元の支援団体は、2013年からJSCと話し合いを続けていた。JSC側は当初、「住んでいる人がいる間は生活に影響のある工事はしない」、「話し合いで解決する」と説明をしていたそうだが、その言葉を裏切る形で強制立ち退きが行われたのである。

排除された路上生活者二人と支援団体は、2018年3月、JSCや都、JSCを所管する国に約350万円の損害賠償を求め、東京地裁に提訴した。裁判は現在も進行している。

都営霞ヶ丘アパートの取り壊し

新国立競技場の建設で追い出されたのは路上生活者だけではない。

都立明治公園のさらに隣に位置していた都営霞ヶ丘アパートは、新国立競技場の敷地拡大に伴い、「歩行者の滞留空間となるオープンスペース」として公園に転換されることになり、全ての建物が取り壊されることになった。競技場の巨大化によって、公園の一部が競技場に飲み込まれ、都営団地が玉突き的に追いやられた形だ。

霞ヶ丘アパートの取り壊しの計画は2012年夏の住民説明会で発表されたが、住民にとっては「寝耳に水」だったという。

この都営住宅はもともと1960年から6年間かけて10棟が建てられた団地である。立ち退きが始まった2014年春の時点でも約200世帯が居住していたが、中には1964年の東京五輪に伴う再開発の影響で、周辺地域からこの団地に移転して以来、ずっと住み続けている住民もいた。この人は、人生において二度、五輪のために立ち退きを余儀なくされたことになる。

都は移転先として、複数の都営住宅の住戸を住民に提供したが、高齢の入居者も多かっため、多くの人が住み慣れた地域を離れることに不安を感じていた。

2014年に茨城大学の稲葉奈々子准教授（現・上智大学教授）が実施した住民へのアンケート調査では、回答した41世帯のうち、6割以上の27世帯に70歳以上の高齢者がおり、約半数の21世帯は40年以上、霞ヶ丘アパートで暮らしていたことがわかった。そして回答した世帯の約8割にあたる32世帯が「このまま暮らしたい」との意向を示したとのことである。

しかし、国策には逆らえないという雰囲気のもと、住民の移転が続き、2017年にアパートの解体が完了した。立ち退きの前後に亡くなった住民も少なくなかったようだ。

霞ヶ丘アパートの解体を疑問視する住民や支援者らでつくる「霞ヶ丘アパートを考える会」によると、様々な事情で移転ができなかったり、立ち退きを拒否したりした住民たちは、東京都から建物明け渡し請求を提訴されたという。周りの棟を重機によって解体される中、2世帯については都との和解が成立し、従来から希望をしていた都営団地に移転したという。最後まで残った1世帯に対して、2017年3月、都が強制執行を実施したことが判明している。

追いやられる原発事故避難者

政府は東京五輪を「復興五輪」と呼んでいるが、五輪誘致のため、福島第一原発事故の影響は「アンダーコントロール」だと強弁した安倍首相の言葉に合わせるかのように、原発事故避難者を「見えない」存在にしようという動きも進んでいる。

2019年12月時点でも東日本大震災と福島第一原発事故による避難者数は全国で4万8000人を超えているが、政府と福島県は住民の帰還政策を進めている。避難指示区域は指示解除により順次、縮小しており、2017年3月末には区域外避難者（いわゆる自主避難者）への住宅無償供与が打ち切られた。住宅無償供与が打ち切られた区域外避難者は約1万2000世帯にのぼった。

東京都内で避難者の生活支援、住宅支援を続けてきた「避難の協同センター」の瀬戸大作事務局長は、その時の状況を以下のように述べている。

「2017年3月末の追い出しでは、自殺した人も出ました。その女性は子どもたちを守りたいと避難し、昼も夜も働きながら子どもを大学に進学させました。しかし、福島で別居する夫は放射線に対する不安を理解せず、福島に戻るたびにDVを受けていました。そんな中、住宅の無償提供が打ち切られ、私は住宅支援が継続できるよう、相談を続けていたのですが、心労が重なり、2017年5月に亡くなったのです」

「ホームレスになった避難者も、これまで3人いました。そのうちのお一人、40代の単身男性は旧雇用促進住宅に暮らしていたのですが、福島県からの執拗な立ち退き要請を受け、次の家が見つかっていないのに部屋を出てしまいました。最寄りの区役所で相談をしようと待ち合わせをしたのですが、その場に現れず、1年後、ようやく会えた時には代々木公園で野宿をしていて、所持金は5円しかありませんでした」

2017年10月に東京都が発表したアンケートによると、住宅無償提供が打ち切られて借り上げ型の仮設住宅を退去した避難者のうち、月収10万円未満の世帯が22％、過半数が20万円未満の世帯であった。近年は生活苦のため、カードローンに頼らざるをえない世帯も少なくないという。

区域外避難者への追い打ちは、その後も続いている。

2019年3月末には国家公務員住宅に住む区域外避難者約120世帯が福島県と結んだ契約の期限切れにより退去を迫られた。病気や経済的困窮などの理由で退去できない63世帯の避難者に対し、同年4月以降、福島県は家賃の2倍に相当する損害金を支払うよう請求している。

同年8月、「避難の協同センター」は他団体とともに国連人権理事会に意見書を送付。人権理事会が日本政府に対して政策の是正勧告を行うよう求めている。

瀬戸さんは福島県が避難者の生活実態の把握をしようとせず、区域外避難者の人数の公表も口頭のみで行い、県のホームページにアップされなくなったことを問題視している。

「その存在を消したいという意図を感じる」と瀬戸さんは述べている。

東京五輪が開催される2020年、避難指示の解除がさらに進み、政府による強引な帰還政策がさらに推し進められることが懸念される。

「祝賀資本主義」の弊害

東京五輪の直接的、間接的影響で、路上生活者や都営住宅の住民、原発事故避難者が追いやられている現状を見てきた。

米国の元サッカー五輪代表選手という経歴を持ちながら、五輪の弊害を説いてきたパシフィック大学のジュールズ・ボイコフ教授は、その著書『オリンピック秘史~120年の覇権と利権』の中で、「祝賀資本主義」という言葉を用いて五輪を批判している。

ボイコフ教授は、五輪が開催される各都市において、お祭りムードの中、正常なルールのもとでの政治が機能しない例外状態が発現することを指摘。この間に企業の営利活動のリスクを公的機関や開催都市の納税者が負担する構造ができ上がり、環境への負荷やセキュリティ強化によるプライバシー侵害、貧困層の排除といった問題が起こることに警鐘を鳴らしている。

東京五輪の開催費用は当初の予定の数倍に膨れ上がっており、3兆円を超えると言われている。最終的にその負担を税という形で背負うのは都民や国民である。その一方で、「祝賀資本主義」により経済的利益を享受する人たちがいるのを忘れてはならない。

アトランタ五輪における路上生活者排除

ボイコフ教授が指摘するように、五輪が契機となって路上生活者が排除されるという現象は、世界各国で発生している。都市工学の研究者や学生が中心となり、ホームレス問題に関する研究・アドボカシー活動（政策提言）を行っている市民団体「ＡＲＣＨ（Advocacy and Research Centre for Homelessness）」の共同代表である河西奈緒《かさいなお》さん（東京工業大学環境・社会理工学院研究員）に各国の状況について聞いた。

河西さんによると、1996年のアトランタオリンピックでは、都心部にいた路上生活者にバスの片道チケットを渡して、都市の外に送り出したり、路上で横になることや荷物を置くことを禁止したりするといった条例が制定されて、違反者が逮捕される等、ホームレスを狙い撃ちするような「対策」が実施されたという。

このアトランタ大会の反省のもと、その後のシドニー大会やロンドン大会では排除ではなく、包摂的な都市を作ろうという動きが市民の中から湧き上がってきたという。

「2000年のシドニーオリンピック開催前に、シドニーの人たちがアトランタの現地へ査察にいき、アトランタで起こったような排除を起こしてはいけないと草の根でプロトコル(議定書)を作ろうという動きが始まり、やがてその動きは行政を動かしました。結果、福祉・行政に関わる人間はもちろん、オリンピック公園の管理者までも、ホームレスに関わる可能性のある皆がサインするプロトコルが策定され、ホームレスの人も普通の人と何も変わらず、公共空間にいる権利があるし、スポーツイベントだって同じく参加する権利があることが明確に示されました」

また、2012年の開催都市であるロンドンでは、「2012年までにホームレス問題を終わらせよう」という目標が掲げられ、約20もの関連機関が連携組織を結成。大会までの4年間に多様な支援プロジェクトが展開されたという。

調査の2倍以上という衝撃

2015年に設立された「ARCH」は、「東京ストリートカウント」という取り組みで広く知られるようになった。

「東京ストリートカウント」とは、東京都内のいくつかのエリアを対象とし、市民のボランティアが終電後の夜間路上ホームレス人口をカウントして調べる調査である。

「従来から東京都が路上生活者概数調査を行ってきましたが、昼間の目視調査でした。私たちが深夜にカウントをすることによって、駅回りやお店の前にいる人の人数が明らかになりました。同じ場所にずっといる人より流動せざるをえない人の方が不安定な状態になりやすいのですが、その人たちの存在はデータ上、いないことにされてきました」

「東京ストリートカウント」は年2回、継続して実施されているが、調査の結果、東京都の路上生活者概数調査で把握されている人数より、2・0〜2・8倍の人が路上生活をしているという実態が明らかになっている。

「東京ストリートカウント」で把握される路上生活者数は減少傾向にある。それは、私たちホームレス支援団体が活動現場で実感していることであるが、その背景には「ジェントリフィケーション」という問題があると河西さんは指摘する。

「2020年を前に建設ラッシュ、都市再開発が進んできているのを感じます。都心部の主要なターミナル駅を中心に、ホテルなどを建てて都市空間を高級化していく『ジェントリフィケーション』が進んでいます。公園も『ナイトパーク』と言って、夜間も照らして、みんなが夜も使える公園にしようという動きが進んでおり、路上生活者がいられない場所が増えています」

路上生活者が減少している背景は、生活保護等の支援策につながって、路上から抜け出す人が増えているというポジティブな要因もあるが、それだけではなさそうだ。私自身、路上生活の当事者から「どうせ、オリンピックの時に俺たちは追い出されるんだろう」と諦めの声を聞くことが多い。

誘致過程での汚職疑惑、アスリートや観客、ボランティアの熱中症対策、お台場海浜公園の水質・水温問題、新国立競技場や有明アリーナの建設現場での労働環境の問題、建築用の木材調達で熱帯林が破壊されているとNGOから指摘されている問題など、東京五輪の問題点は枚挙にいとまがない。

海外のコンサルタントに支払われた約9億円の支出が贈賄に使われたのではないかという疑惑だけでも、開催返上に値すると私は考えるが、国策として進められる東京五輪はこのまま開催されるのであろう。

路上生活者に対する排除など、五輪の弊害に対して、もっと多くの人に目を向けていただきたいと願っている。

台風警戒の呼びかけ最中での出来事

東京五輪に伴い、路上生活者は都市空間から排除されつつあるが、路上生活者に対する排除は災害時に最も苛烈な形で現れる。

そのことが露《あらわ》になったのが、２０１９年10月12日に関東地方に上陸した台風19号における東京都台東区の災害対応だ。

台風19号は各地で甚大な被害をもたらし、死者は90人を超えた。

東京都内の死者は当初、ゼロとされていたが、10月14日、日野市の多摩川河川敷で男性の遺体が見つかった。河川敷でテント生活をしていた70代の男性と見られている。

身を守る家を持たない路上生活者は、災害時に最も被害を受けやすい立場にある。

その点を踏まえ、世田谷区や川崎市では多摩川河川敷に暮らす路上生活者に事前にチラシを配布し、台風の接近と避難所の場所を知らせるという対応を取っていた。

その一方、台東区の自主避難所では救助を求めた路上生活者が区の職員によって受け入れを拒否されるという事件が発生した。

問題が発生したのは、10月12日（土）の午後。台風19号が関東地方に接近し、気象庁が「ただちに命を守る行動を」と呼びかける中での出来事だった。

その日、都内のさまざまなホームレス支援団体は、それぞれの活動エリアにおいて路上生活者に台風への警戒を呼びかけ、避難所など安全な場所に誘導する活動を行っていた。

東京の東部地域で路上生活者への医療支援活動やフードバンク活動を展開してきた一般社団法人「あじいる」は、上野公園に近い台東区立忍岡小学校に自主避難所が開設されたのを確認。同小学校の場所を伝えるチラシを作って、上野駅周辺で野宿をしている人たちに避難を呼びかけていたという。

「住所不定者は受け入れない」

「あじいる」のブログは、その時の状況を以下のように伝えている。

〈乾パンやタオルと一緒に、忍岡小学校の場所を示す地図のチラシを配り、避難を呼びかけました。
みなさんのところを回り、あと数人というときに、一人の男性が「その小学校に、行ったけど、自分は●●に住民票があるから断られた」と消沈して教えてくださいました。
告知には、住民票についての情報など書かれていませんでした。「身の安全の確保を求めて避難所に行ったのに断られるとは！」…信じられない思いでしたが、その方は仕方なさそうに「ダメだって…」とあきらめたような微笑を浮かべていらっしゃいました〉

「あじいる」のメンバーは台東区災害対策本部に問い合わせをしたが、担当者は「台東区として、ホームレスの避難所利用は断るという決定がなされている」と明確に回答したそうである。

行政用語で言うところの「住所不定者」を受け入れないという決定は、現場の職員の判断ではなく、台東区災害対策本部としての決定であった。当日、台東区内の避難所で拒否された路上生活者は計3名いたという。

このことが「あじいる」のＴｗｉｔｔｅｒアカウントから発信されると、すぐさま台東区の対応を非難する声がＳＮＳ上で沸き上がった。

台東区議会の秋間洋議員（日本共産党）は、12日当日、台東区災害対策本部に抗議と改善を申し入れたが、区側の回答は「今回は受けられない」、「今回のことを教訓に、次回は対策を講じる」という内容だったとSNSで報告している。台東区の共産党区議団は後日、改めて文書で申し入れを行った。

屋外にいることが生命の危険を伴うという緊急時において、安全な場から路上生活者を排除する行為は、行政による社会的排除であり、究極の差別だと言わざるをえない。

また、災害救助法では、その自治体の住民だけでなく、その地に一時的に滞在している者を含めたすべての被災者を救助する義務を自治体が負っているとする「現在地救助の原則」が定められている。台東区の対応は法律に違反していると言えよう。

台東区への批判の声は大きく広がり、新聞やネットメディアも避難所から排除された当事者の声を取り上げた。

10月15日には国会でもこの問題が取り上げられた。参議院予算委員会での森ゆうこ議員（国民民主党）の質問に対し、安倍首相は「各避難所では、避難した全ての被災者を適切に受け入れることが望ましい。ご指摘の事例は自治体に事実関係を確認し、適切に対処したい」と答弁。武田良太防災担当大臣も「台東区に事実関係を確認し、適切に対処してまいりたい」と答えた。

区長が謝罪コメント

こうした事態を受けて、台東区は10月15日午後5時過ぎ、ホームページに次のような服《はっ》部征夫《とりゆくお》区長の謝罪コメントを掲載した。

〈この度の台風19号の際に、避難所での路上生活者の方に対する対応が不十分であり、避難できなかった方がおられた事につきましては、大変申し訳ありませんでした。また、この件につきまして区民の皆様へ大変ご心配をおかけいたしました。台東区では今回の事例を真摯に受け止め、庁内において検討組織を立ち上げました。関係機関等とも連携し、災害時に全ての方を援助する方策について検討し、対応を図ってまいります〉

事件発生から3日という短い時間で台東区が謝罪に追い込まれたのは、行政担当者の予想を超えて批判の声が広がったからであろう。

Ｔｗｉｔｔｅｒ上には、抗議への反論や路上生活者への差別や偏見を煽るツイートも多数見られたが、ふだんはホームレス問題や貧困問題に関わっていない人も含めた多くの人たちが、「いのちの選別を許さない」という意思を表明したことの影響力は大きかったと私は考えている。

10月21日に開催された台東区議会決算特別委員会の冒頭、服部区長は改めて、「台風19号の際に、路上生活者の方に対する対応が不十分であり、避難できず、不安な夜を過ごされた方がおられたことにつきましては、大変申し訳ありませんでした」と陳謝した。

区長が早期に謝罪したこと自体は評価できるが、「対応が不十分で避難できなかった人がいた」という表現は事実をぼかしている。先に指摘したように、路上生活者は職員のミスで避難できなかったわけではなく、災害対策本部の意思決定により意図的に排除されたからである。この点については後で掘り下げていきたいが、その前にこの問題に対する社会の反応について考えてみたい。

排除を正当化する声

台東区の避難所排除問題が発覚した際、SNS上では台東区を非難する声だけではなく、路上生活者が発する臭いの問題などを取り上げ、排除を肯定する意見も多数見られた。

私の知っている路上生活者の中には、世間の目を気にして、体の清潔を保つことに特に気をつけている人が少なくない。だが、コインシャワーや公衆浴場を利用するにもお金が必要になるため、収入がほとんどない人が体を清潔に保つのには限界がある。

私はこの問題も、社会的排除の結果として生じている現象だと見る必要があると考えている。

台東区同様、路上生活者の多い自治体である新宿区では、2006年から路上生活者専用の相談窓口を設置しており、社会福祉士の資格を持った相談員が配置されている。そこには無料のシャワーサービスや洗濯サービスもあるため、そうしたサービスを利用すれば、路上生活者も一定程度、体を清潔に保つことができる。地元のホームレス支援NPOも衣類配布やシャワーサービス等の支援を実施しているため、この地域での路上生活者の臭いの問題はかなり改善された。

さらに言うならば、「路上生活」という現象自体、社会的排除の結果である。生活に困窮した人が路上生活から抜けられない背景には、居住環境に問題のある「貧困ビジネス」施設に行政が依存している点など、従来のホームレス支援策が当事者のニーズに合っていないという問題がある（27ページ参照）。支援策が質的に改善していけば、多くの人々が路上生活をせざるをえないという状況自体が解消していくであろう。

路上生活者の中には、シャワーなどのサービスがあっても利用しようとしない人も確かに存在する。しかし、その人たちは精神障害や知的障害、認知症等の影響により自らのケアができない「セルフネグレクト」状態にあると私は見ている。

私は長年のホームレス支援活動の中で、認知症の高齢者を何度か保護したことがある。身元が判明した高齢者の家族に私が電話をして、家族が炊き出しを実施している公園まで車で迎えに来たこともあった。

「ホームレスは臭いので避難所に入れないのは当然」だと言っている人に私が聞きたいのは、「では、あなたの家族が認知症になって行方不明になり、路上生活になっても同じことを言えますか」ということだ。

認知症の高齢者に限らず、体を清潔に保つことができていない人の背景には、そういう状態に至る過程で社会的排除の問題があったと見る必要がある。なぜ適切な医療・福祉のサービスを受けられていないのか、という視点を持つことが必要なのだ。

社会的排除の結果として生じた表面的な事実を見聞きした人が、「臭い人は排除してもよい」という形で偏見をさらに増幅させてしまい、「いのちの選別」を肯定する空気を作り出してしまっているのではないだろうか。

安易に線引きをしたり、レッテルを貼るのではなく、目の前に起きている現象の背後にある排除のプロセスを丁寧に見ていく必要性を訴えていきたい。

歴史に由来する根深い問題

台東区の対応の問題点に戻りたい。なぜ災害対策において路上生活者を排除するという決定がなされたのだろうか。

台東区は報道関係者に「事実として、住所不定者の方が来るという観点がなく、援助の対象から漏れてしまいました」と説明している。災害時に「住所不定者」が助けを求めて来るという事態を想定していなかったと言っているのだ。

台東区は、区内に山谷《さんや》地域や上野公園があり、東京23区の中でも路上生活者数が特に多い区の一つである。2019年1月に東京都が実施した路上生活者概数調査では、区内の路上生活者数は61人で、新宿区、渋谷区に続く第3位となっているが、過去には上野公園だけで数百人が暮らすテント村が存在した時期があった。

また、山谷地域の簡易旅館（ドヤ）や上野・浅草のカプセルホテルやネットカフェ等に泊まっている人も多く、こうした場所に暮らしている人も含めると区内の「住所不定者」数はかなりの数にのぼるであろう。

数多くの「住所不定者」が区内にいるにもかかわらず、台東区はなぜ災害時の対応を想定していなかったのだろうか。私はそこに歴史に由来する根深い問題があると考えている。台東区と荒川区にまたがる山谷地域は、大阪・釜ヶ崎、横浜・寿町《ことぶきちょう》と並ぶ「寄せ場」の一つである。「寄せ場」とは、日雇い労働者が仕事を求めて集まる場所のことで、早朝に求人業者が労働者を募集する青空労働市場と、一日の仕事を終えた労働者が宿泊する多数のドヤが存在するのが特徴である。

1960年以降、山谷では劣悪な労働環境や警察の暴力が発端となって暴動が頻発した。1965年、東京都は、労働者への生活相談事業、応急援護事業などを実施する城北福祉センターと、無料の職業紹介事業及び労働相談を実施する山谷労働センターを開設（2003年に両センターは合併し、城北労働・福祉センターが発足）。1969年には東京都民生局内に山谷対策室（2001年に閉室）を設置して、日雇い労働者への総合的対策を実施してきた。

当初の山谷対策は治安対策としての性格が強かったものの、区を飛び越えて都が前面に出る形で山谷の労働者への福祉や就労の支援をしてきたのである。

1990年代前半、バブル経済崩壊をきっかけに不況が深刻化すると、山谷の日雇い労働は激減。仕事を失った労働者が山谷の中だけでなく、上野公園や隅田川河川敷など周辺地域に野宿をせざるをえない状況が広がった。

日雇い労働者の労働組合や路上生活者の支援団体は、仕事に就けずに生活に困窮した労働者への生活保護を求める活動を活発化させたが、台東区の福祉事務所は路上生活者への生活保護適用に積極的ではなかった。東京都が山谷対策を主導した経緯から、台東区には「山谷対策やホームレス対策は東京都任せにすればよい」という意識が強かったのではないかと思われる。

命と安全を守る意識が欠如した台東区

2002年、国会でホームレス自立支援法が成立。同法に基づいて、東京都はホームレスの自立支援策に関する実施計画を策定した。区レベルの計画策定は義務ではなかったものの、路上生活者の多い新宿区や墨田区は独自に計画を策定。それに対して、台東区はホームレス支援のための計画を策定しなかった。

個別には生活保護法に基づき、ホームレスの人たちにも適切な対応を行う職員もいることは知っているが、全体として台東区の福祉行政はホームレス支援に消極的と言えよう。

福祉行政だけでなく、教育行政においても、路上生活者問題に関する台東区の消極的な姿勢が見られる。

1990年代半ばから全国各地で若者による路上生活者襲撃事件が多発し、都内でも襲撃によって路上生活者が命を落とす事件が相次いだ。私たち支援団体関係者は、学校教員など教育関係者とともに「ホームレス問題の授業づくり全国ネット」を作り、全国各地で襲撃事件をなくすための授業実践に取り組んでいる。

2012年から2013年にかけて、東京都墨田区内で襲撃事件が多発。支援団体が墨田区教育委員会に申し入れた結果、2014年には区内の全ての小中学校で「ホームレスの人権」に関する授業が実施され、襲撃事件が激減する成果が出た。その隣の台東区でも襲撃は散発的に報告されているものの、台東区教育委員会が動いた形跡はない。

このように福祉行政でも、教育行政でも、台東区にはホームレス状態にある人たちの命や健康、安全を守るという意識が平常時から欠如していたのではないか、という疑念を私は抱いている。

台東区が歴史的に区内の「住所不定者」の問題に向き合ってこなかったことが職員の意識にも影響し、その問題が災害時に露呈してしまったのではないだろうか。

区長宛ての要望書に書かれたこと

２０１９年10月21日、一般社団法人「あじいる」は台東区長宛ての要望書を提出した。私も要望書の作成に協力し、提出にも立ち会った。

要望の内容は、避難所からの排除について被害者に届くように謝罪をすること、今後の緊急時には「人の生命及び身体を最も優先して保護すること」という災害対策基本法の基本理念を遵守すること、これからの災害対策において当事者並びに支援団体の声を聞くこと、災害対策だけでなく、生活保護行政、教育行政、人権行政などの日常業務を検証し、改善策を講じること等である。

地方自治体の行政が自らの差別的な対応を検証して、体質改善を果たした例としては、２０１７年１月に発覚した神奈川県小田原市の「保護なめんな」ジャンパー問題がある。詳しくは３章で見るが、福祉事務所の職員が「保護なめんな」等と書かれたお揃いのジャンパーを自費で作り、それを長年、ユニホームのように着用していたという問題だ。私はこの問題が発覚した際、小田原市役所に申し入れに行っている。

小田原市のジャンパー問題は生活保護利用者への差別意識が問われたものだが、小田原市は市長のリーダーシップのもと、「生活保護行政のあり方検討会」を設置。同検討会には生活保護の元利用者も委員として参加し、利用者視点に立った報告書がまとめられた。

その後、小田原市の生活保護行政は、職員の増員、外部講師による研修の開催、生活保護利用者向けアンケートの実施などを通して、体質の改善に努め、現在では他の自治体の模範と言えるほど、対応が良くなっている。

台東区は今後、災害対策を検証する組織を立ち上げる予定だというが、災害対策のみでなく、ホームレスの人たちに対する日常的な対応を全庁的に検証し、見直す必要があるだろう。

２０１９年12月、台東区は「あじいる」等の支援団体との話し合いの場を設定し、改善に向けた協議が始まった。今後の対応に期待したい。

カジノ問題で揺れる横浜・寿町

山谷という「寄せ場」を抱える台東区の対応の問題点を見てきたが、山谷と並ぶ「寄せ場」の一つである横浜市の寿町は現在、カジノ誘致問題で揺れている。

寿町は、ＪＲ石川町駅の近く、横浜中華街と線路を挟んだ場所に位置している。この町では約6万㎡の狭い地域に「ドヤ」と呼ばれる簡易旅館が約130軒建ち並んでいるが、近年は、他地域の「寄せ場」同様、住民の高齢化が進んでいる。

2019年8月22日、横浜市の林文子《はやしふみこ》市長は記者会見において、横浜港の山下ふ頭にカジノを含む統合型リゾート（IR）を誘致する意向を表明した。山下ふ頭は寿町から石川町駅を挟んで反対側の場所にあるが、この位置関係はもともと寿町が港湾で働く労働者が集まる町として形成されたという歴史に由来している。

林市長は2017年の市長選でIR誘致は「白紙」と述べていたが、その姿勢を一転させたことに市民は反発。同日、横浜市役所には誘致に反対する三つの市民団体のメンバーら約50人が集まり、市長室前で抗議文を読み上げた。

抗議活動を行った市民団体の一つ、「横浜へのカジノ誘致に反対する寿町介護福祉医療関係者と市民の会（KOTOBUKI ANTI-CASINO ACTION）」（略称・KACA）は、寿町において生活困窮者への支援活動を続けてきた医療・福祉関係者らが19年3月に設立した団体である。

「労働者の町」から「福祉の町」へ

なぜ寿町の医療・福祉関係者からカジノ反対の声があがったのだろうか。KACAの中心メンバーの一人である精神科医の越智祥太《おちさちひろ》さん（ことぶき共同診療所）に話を聞いた。

越智さんが勤めることぶき共同診療所は、1996年、元院長の田中俊夫さんが中心となり、「寿の住人に必要な医療サービスを提供する」という趣旨に賛同した市民から寄付を募って開設された。

寿町で長年、医療・福祉分野の支援活動に取り組んできた田中俊夫さんは、当時、寿町の日雇い労働者にとって一般の医療機関への受診へのハードルが高く、治療中断も多いため、一般地域の人々に比べて、かなり若年で死を迎えてしまう人々が多いことに胸を痛めていた。そのため、「何とか医療をもっと身近な、隣の家に行くように気軽に掛かれるものにしていきたい」という思いから、敷居の低い診療所を開設したという。

現在では、精神科、内科、整形外科の診療に加え、鍼灸院、精神科デイケアも併設されており、地元の介護事業所や訪問看護ステーション等とも連携をしながら、総合的な支援体制を作り上げている。

越智祥太さんは大学時代から山谷地域の支援活動に関わり、1990年代後半から寿町に関わるようになった。

越智さんによると、かつては港湾などで働く日雇労働者が多数暮らしていた寿町は、今では「福祉の町」になっているという。現在では高齢化のため住民の約9割が生活保護利用者になっているそうだ。

寿町の依存症問題

寿町では、昔から依存症の問題は深刻だったが、その傾向は時代とともに変化してきたと、越智さんは言う。

「昔から依存症の方はたくさんいました。ただ、目立っていたのはアルコール依存症や薬物依存症の人。ギャンブル依存症もありましたが、当時はいろんな依存症を合併している人が多かったです、荒くれな感じの人で、お酒も飲むし、薬物もするし、ギャンブルもするというタイプですね」

状況が一変したのは、2008年のリーマンショックがきっかけである。若い非正規労働者が失業して寿町に来るようになったのだ。その人たちの中には、工場で働いてきたものの、人付き合いが下手で、不況になると真っ先にクビを切られてしまう、というタイプの人が少なくなかった。

「その頃から、30〜40代の比較的若い人たちのギャンブル問題が顕在化してきました。彼らはギャンブルだけに依存していて、酒は飲まない、薬物もやりません。ギャンブルといっても、ほとんどの人がパチンコ、パチスロ、スロットといったマシンにはまっていて、それ以外の競馬、競輪、競艇等で依存症になった人は極めてまれです。パチンコの人はパチンコだけ、パチスロの人はパチスロだけ、スロットの人はスロットだけ、というように3種類のうちの特定のどれかにのめり込んでいる人が多いという特徴があります」

マシンにのめり込むという特徴は、アメリカのギャンブル依存症患者と似ているという。文化人類学者のナターシャ・ダウ・シュールがラスベガスのカジノに関わる人々に取材して書き上げたルポ『デザインされたギャンブル依存症』では、アメリカのカジノでスロットマシンが高度化して、収奪率の高いマシンがカジノの収益の中心になっている状況を描いている。

そうしたマシンでプレイをする感覚は『ゾーン』と呼ばれている。

「当事者の方に話を聞くと、ギャンブルマシンの前に座っていると、『ゾーン』と呼ばれる機械と自分が一体化したような感覚になるそうです。そうなると、勝ち負けはどうでもよくなり、どれだけ長く座っていられるかだけを考えるようになります。脳が変化して、ギャンブル以外のことに関心を持てなくなったり、喜びを感じなくなったりするのです」

「穴だらけ」の日本のカジノ規制

政府や横浜市は、日本型ＩＲには世界最高水準のカジノ規制があるので、ギャンブル依存症問題は深刻化しないと説明しているが、予定されている規制は「穴だらけだ」と越智さんは指摘する。

「国内の利用者のカジノ入場料は６０００円と設定されていますが、これはディズニーランドの入園料の７５００円より安い金額です。ちなみにシンガポールのカジノは、当初、８８００円（２０１５年当時、以下同）でしたが、その後、１万３２００円に引き上げています。６０００円という入場料は本当に抑えようとしている金額ではなく、本当に抑えるならば、数万〜10万にすべきでしょう。また、週に３日まで、月に10日までの入場規制があるから問題ないと言いますが、カジノは24時間営業で、１度入場すると、24時間いられます。つまり、実質的には週６日、月20日いられるわけです。そうなると、週の大半をカジノで過ごし、カジノに入れない日はカジノの周りで野宿をする人が出てくるでしょう」

カジノホームレスが問題になった韓国の江原《カンウォン》ランドカジノは、当初24時間営業だったが、悪影響が大きいということで、段階的に営業時間を短縮。２０１８年４月から18時間営業になっているそうだ。

厚生労働省は２０１７年に国内の20～74歳の男女１万人を無作為抽出して実施した調査において、生涯でギャンブル依存症が疑われる状態になったことがある人は成人の３・６％（約３２０万人）と推計したが、人口が集中する首都圏にカジノができれば、ギャンブル依存症問題はさらに深刻化するだろう。

ホームレス問題とギャンブル依存症の深い関連

越智さんは寿町で多数の依存症患者の治療に関わってきたが、ギャンブル依存症からの回復は、アルコールなど他の依存症に比べても難しいと感じている。

「依存症の治療につながった後に再発することを『スリップ』と言います。アルコールだと、連続飲酒になり、健康状態が悪化することで、まわりが気づき、医療や福祉のサポートが入るということがよくあります。スリップしても、またつながることができるのですが、ギャンブルの人はそのままいなくなってしまう。ギャンブルでお金がなくなって、ドヤにもいられなくなり、出奔《しゅっぽん》する。他の地区に行くが、何度も同じことを繰り返してしまう。その結果、野宿生活が長くなって、健康状態が悪化して、脳梗塞などを発症し、亡くなってしまう方も見てきました」

私自身も東京都内でホームレス支援を続ける中で、ギャンブル依存症によって生活が破綻し、路上生活になってしまった人に多数出会ってきた。私が運営するシェルターでも、ホームレス状態になった依存症患者を多く受け入れてきたが、高齢の路上生活者の間にアルコール依存症が多いのに比べ、若年層ではギャンブル依存症の方が目立つという傾向が見られることが気になっている。

ホームレス状態とギャンブル依存症との関連は、支援者の間では以前からよく知られていたが、それを裏付ける本格的な調査は実施されたことがなかった。この点に日本で初めて踏み込んだのは、認定ＮＰＯ法人ビッグイシュー基金の研究グループが実施した聞き取り調査である。

これは、２０１８年12月30日から19年1月4日にかけて、大阪市西成区のシェルター等を利用するホームレスの人たち１２１人を対象に実施されたギャンブル依存症に関する詳細なインタビュー調査である。その結果、対象者のうち、生涯でギャンブル依存症の期間があった人は全体の42・1％を占めることが判明した。これは日本の一般男性の有病割合（6・7％）の6・3倍にあたる。

また、ギャンブル依存症の状態があった人たちのうち約9割の人が、「ギャンブルのために困ったり、大事な人やものを失った経験」（90・2％）や「ギャンブルのために借金などをした経験」（92・2％）を持っていた。

これらの調査結果は、ホームレス問題とギャンブル依存症の深い関係を示唆している。

借金から逃げ出し、寿町へ

越智さんもギャンブルによって多額の借金を背負ってしまった人たちを多く診《み》てきたという。

「ギャンブル依存症の方が継続的に通院に至るまでに、かなり時間がかかります。私は保健所の嘱託医や一般の精神科でも働き、ギャンブル依存症の方を診てきましたが、そういうところに来る方は、寿町と違って、家族から相談が来ます。しかし、家族から相談が来る時点で、すでに数年から10年経っているのです。そこから本人が治療につながっても、ドロップアウトすることが多いので、継続して通院するようになるまでに、さらに何年もかかります。その間に、自分でも借金を重ねて、どうしようもできなくなり、職を転々。友人やサラ金、闇金からも借金をして、借金から逃げ出す形で、寿町に来て、ようやく支援につながるという方も少なくありません」

「ギャンブル依存症になる方は、まじめな好青年が多く、ギャンブル以外のことはしっかりしている人が多いのですが、ギャンブルでお金を全部すってしまうと、残念ながら軽犯罪がつきものになってしまいます。そこでもタイプがあって、同じような微罪で累犯を繰り返すことになります。無銭飲食を繰り返す人。車上荒らしを繰り返す人。空き巣、置き引き、偽装結婚、振り込め詐欺の出し子などを繰り返している人もいます。お金もなく、金銭的に和解もできないので、何回も受刑している人もいます」

越智さんにギャンブル依存症対策で何が必要かと質問すると、「ギャンブル施設を作らないのが一番の対策」という言葉が返ってきた。

「カジノを作らない。パチンコや公営ギャンブルもだんだん廃止していくというのが望ましいと個人的には思っています」

越智さんたちは林市長のリコール運動を進めることで、横浜へのカジノ誘致にストップをかけようとしている。

現在、横浜だけでなく、東京や大阪などの大都市がカジノ誘致に前向きな姿勢を示している。カジノが人口の多い大都市部に作られれば、新たな貧困を生み出す危険性が高いと言えるだろう。

立教大学におけるカジノ推進イベント

実はカジノ問題は、私の所属する大学にも飛び火した。私が教員として勤める立教大学が、２０１９年7月、マカオ大学と共催で「ビジネスモデルとしての日本型ＩＲ」というシンポジウムを学内で開催しようとしたのである。

私は大学構内でこのシンポジウムのポスターを見て、驚愕した。講演者として予定されていた4人のうち、観光庁審議官の秡川直也《はらいかわなおや》氏以外は、マカオやラスベガスのカジノ経営者で占められており、メインのスピーカーはマカオで「新時代のカジノ王」と呼ばれているローレンス・ホー氏だったのである。

このシンポジウムは、立教大学とマカオ大学が共同で開催した3日間のＩＲ人材研修プログラムの一環として企画されたものである。全日程のうち、このシンポジウムのみが一般向けに開催される予定になっており、参加費は一般2000円だが、学生は無料で入れることになっていた。学生にカジノの素晴らしさを伝えるPRイベントの様相だったのである。

「キリスト教に基づく人間教育」を教育理念に掲げる立教大学にカジノ推進はふさわしくないと考えた私は、2019年6月、「#立教はカジノに魂を売るな」というハッシュタグを用いたSNSでのキャンペーンを一人で始めた。

このキャンペーンは大きな反響を呼び、シンポジウムを後援していた豊島区は「中立性がない」と判断をした上で後援を取り消した。最終的に3日間の人材研修プログラム自体は実施されたものの、公開の形でのシンポジウムは中止となった。

立教大学がなぜカジノ推進イベントを開催しようとしたのかは不思議でならないが、カジノ推進派としてはキリスト教系大学の協力を得ることでカジノのイメージアップを図ろうとしたのではないかと私は考えている。首都圏でのカジノ設置に向けた布石だったのであろう。

大阪では、2025年に予定されている大阪・関西万博をIR誘致と関連付けようという動きも進んでいる。万博というお祭りごとを隠れ蓑にして、批判の多いカジノを誘致しようとするのも、「祝賀資本主義」の一種と言えるだろう。

2019年12月には、IR担当の内閣府副大臣を務めていたことのある秋元司衆議院議員がIR事業への参入をめざしていた中国企業から、現金300万円を受け取った疑いで逮捕された。他の議員にも金品が渡っていた疑いも浮上し、事態は「カジノ疑獄」の様相を呈している。

海外のカジノは、反社会勢力が介入し、マネーロンダリング（資金洗浄）の温床になっているとの批判は常につきまとってきた。「カジノ疑獄」はIRの本質を露呈した事件であると私は考えている。日本にIRを開設してよいのか、再考すべきである。


これまで見てきたように、五輪や万博という一見、華やかなイベントの陰で、路上生活者や公営住宅の住民、原発事故避難者が追いやられ、将来の貧困拡大につながりかねないカジノが導入されようとしている。

2020年代の日本社会は一体、どこに向かうのだろうか。

「ビッグイシューの仕事はできません」

本章では、排除に関わる諸問題を取り上げてきたが、2020年代には新たな形態の排除が生まれるかもしれない、という話を最後にしたい。

「路上に立って雑誌を売っていると、勝手に写真を撮られてSNSにアップされたりする可能性があるじゃないですか。家族にばれるとまずいので、『ビッグイシュー』の仕事はできません」

2018年、何度か生活の相談にのったホームレスの若者は、詳しい事情を語りたがらなかったが、家族との間に問題を抱えているようだった。体調も悪そうなので、私は生活保護を勧めたが、役所が家族に連絡をしてしまう可能性を考えて申請に躊躇《ちゅうちょ》していた。

彼に、住所や住民票がなくても就ける仕事はないか、と聞かれたので、ホームレスの自立支援のための雑誌である「ビッグイシュー」販売の仕事について説明をしたが、その時に彼が言ったのが前述の言葉である。

毎月2回発行される「ビッグイシュー」は、ホームレス状態にある人だけが販売することのできる雑誌である。販売者は1冊170円（2020年4月以降は220円）で雑誌を仕入れ、駅前などの路上に立って、350円（同450円）で雑誌を販売する。1冊あたり180円（同230円）が販売者の収入になる計算だ。

SNSに写真がアップされるリスク

「ビッグイシュー」の販売者の中には、メディアの取材に顔や名前を出して応じる人もいれば、事情により顔も名前も出せない人もいる。そのことは知っていたが、路上で販売をしていて、SNSに写真がアップされてしまうリスクについては考えたことがなかった。

一度、ネットに「ビッグイシュー」販売者として顔が出てしまうと、その画像は半永久的にネット上に残り続ける。それを見た家族が販売場所まで来てしまう可能性もゼロではない。今の時代、彼の心配は杞憂とは言えないと私は感じた。

ネット上にアップされた個人情報は、本人にとって不都合なものであったとしても、一度、拡散されてしまったら完全に削除することが事実上、不可能になる。この問題は、消すのが難しい「入れ墨（タトゥー）」にたとえて、デジタルタトゥーと呼ばれている。

デジタルタトゥーという言葉は、2013年のTEDカンファレンスにおいて、生物科学関連のベンチャーキャピタルの役員であるファン・エンリケス氏が行った講演がきっかけとなり、広く知られるようになった。エンリケス氏は、スピーチの中で「人間は不死になった」という表現で、この造語を紹介している。

2019年5月～6月には、NHK総合テレビで『デジタル・タトゥー』というドラマ（全5回）が放映された。こちらは、インターネットに疎い50代の「ヤメ検弁護士」が20代の人気ユーチューバーと共に、デジタルタトゥーに苦しむ人たちを救うという筋書きで、このドラマをきっかけに日本でもこの言葉が知られるようになった。

犯罪歴のデジタルタトゥー

私は前述の若者がネット上に自分の痕跡が残るのを恐れて、路上販売の仕事ができなくなっていたように、デジタルタトゥー問題がさまざまな点で国内の生活困窮者支援にマイナスの影響を与えつつある、と危惧している。

最も影響力の大きいデジタルタトゥーは、犯罪歴である。

近年、生活困窮者支援の現場では、ホームレスの人が生活保護を申請して施設に入ったものの、アパートに移る段になって、ネットに過去の犯罪歴が残っていることがネックになり、部屋探しに苦労する、という話は珍しくない。部屋探しが難しくなるのは、家賃保証会社の審査に落とされるからだ。犯罪自体は軽微なものであったとしても、ネットに名前が残っていれば、不利に働くことになる。

都市部では、アパート入居時に個人の保証人を立てるのではなく、家賃保証会社を利用するのが一般的になっている。家賃保証会社の保証料は2年間で家賃の半額程度が一般的であり、その費用は入居者負担となっている。

入居希望者は家賃保証会社の利用を申し込むため、申込書に勤務先などの個人情報を記載して、不動産業者に提出する。不動産業者は代理で申請書を家賃保証会社にファクスするが、信用度が低いと判断されると、審査に落とされてしまう。

そのため、不動産業者によっては数社の家賃保証会社と連携をして、1社の審査に落とされても、すぐに別の家賃保証会社の審査を申し込み、通してくれるところが出てくるまで探すという対応をしている会社もある。

しかし、何社に申し込んでも審査に落とされる人もいる。家賃保証会社はどういう基準で審査をしているのか、教えてくれないので、審査のプロセスは闇の中なのだが、今回、私は都内の家賃保証会社に派遣社員として働いていた経験のある30代の男性に話を聞くことができた。

彼の業務は、不動産業者から送られてきたファクスの内容をもとに審査の材料となる資料を集めて、審査担当の社員に渡すことだった。

「まず最初にやるのが、Ｇｏｏｇｌｅなどの検索サイトで中込者の名前と、スペースを１文字空けて、『逮捕』または『容疑』と打ち込むことです。過去のニュースや『５ちゃんねる』（掲示板サイト）等で名前がひっかかると、それを社員に伝えます」

彼は3カ月しか、その職場で働いていなかったが、その間、10～20件の名前が「ひっかかった」そうだ。

「申込書をもとに本人に確認の電話もしました。外国人の留学生の場合は仕送りをいくらもらっているか、電話で確認をしました。その際、日本語を話せるかどうかも確認しろと社員から言われていました。社員も電話をしていましたが、中には『（日本語を）しゃべれないんですか』と強い口調で言っている人もいました」

彼が働いていた家賃保証会社では、家賃滞納データベースへの照会も行っていたという。

家賃滞納者のブラックリスト

家賃滞納データベースとは、全国賃貸保証業協会（ＬＩＣＣ）という業界団体が２０１０年から運用しているデータベースである。ＬＩＣＣには現在、全国の13の家賃保証会社が加盟しており、このデータベースには、過去にこの13社の利用者で家賃を滞納し、家賃保証会社が代位弁済（肩代わり）をした記録が一元的に蓄積されている。事実上の家賃滞納者ブラックリストである。

2010年の家賃滞納データベースの運用開始時には、日本弁護士連合会や私たち生活困窮者支援団体は「住まいの貧困を悪化しかねない」として反対運動を行った経緯がある。LICCに属していない家賃保証会社の中には、信販系の会社も少なくない。最近では賃貸住宅の入居時にクレジットカードの作成を義務付けている家賃保証会社も出てきている。

信販系の家賃保証会社では、クレジットカード同様、入居時の審査にあたっても信用情報機関の情報を活用しているものと思われる。

つまり、過去に自己破産やクレジットカードの支払い遅延といった履歴があると、部屋を借りにくくなるということだ。

クレジットカードの履歴はクレジットヒストリーと呼ばれており、クレジットカード社会のアメリカでは、良いクレジットヒストリーを維持することが良い生活をおくる上で重要だと言われている。日本ではあまりなじみのない考え方だが、今後、キャッシュレス決済が普及するにつれて、重視されていくであろう。

個人情報を信用スコアとして点数化

デジタルタトゥー、家賃滞納者ブラックリスト、クレジットヒストリーにより、賃貸住宅の入居が困難になる状況を見てきたが、今後は住宅を探す時だけでなく、仕事探しや婚活にも同様の問題が起こる可能性がある。これらの個人情報を信用スコアとして点数化して、一元的に管理しようという動きが出てきているからだ。

信用スコア先進国は中国である。

中国では、Ａｌｉｂａｂａグループが展開する電子決済サービス「Ａｌｉｐａｙ」と連携した信用スコアサービス「芝麻信用」が存在感を増している。

「芝麻信用」は、中国国内で6億人以上と言われる「Ａｌｉｐａｙ」ユーザーの全支払い履歴データを管理しているだけでなく、資産状況、社会的ステータス、ＳＮＳ上での人脈などの情報を加味した上で、個人の信用力を点数化（スコアリング）している。

スコアは、３５０点～９５０点の間で点数化され、７００点以上で良好とされるという。高スコアを得ると、賃貸住宅や各種ローンの審査に通りやすくなったり、シェアサービスなどのデポジット（保証金）を免除されたり、出国手続きが一部簡素化されるといったメリットがある。逆にスコアが低いと、住宅、就職、結婚などで不利になってしまう可能性がある。

中国政府は、2014年から「社会信用システム」を構築するという7カ年計画を進めており、信用スコアを普及させることで不正取引を減らそうとしている。中国社会における信用スコアの急速な普及の背景には、こうした政府の姿勢があることは明らかだ。

貧困状態を固定化しかねない「バーチャルスラム」

日本でもAIを用いた信用スコアサービスが広がりつつある。

みずほ銀行とソフトバンクによって設立された「J.Score」は、顧客から提供される情報に基づいて、信用力や将来の可能性をスコア化するサービスを2017年から始めている。

Yahoo!やNTTドコモ、LINE、メルカリも、信用スコア事業に参入したり、参入を表明したりしている。

しかし、2019年6月3日にYahoo!が発表した「Yahoo!スコア」については、スコアの外部企業への提供に批判が集まり、Yahoo!が6月21日に「説明の至らない点があったことから、みなさまに多大なご心配をおかけしたことを、おわび申し上げます」、「6月中旬より、ソーシャルメディア上の一部投稿において、『自分の（個人）情報が勝手に外部に提供される』と心配されるご意見が多くありましたが、『Ｙａｈｏｏ！スコア』では、お客様の同意なくお客様の情報やスコアを他社に提供することはありません」という声明を発表する事態になった。

このように紆余曲折はあるものの、キャッシュレス決済の広がりとともに日本でも信用スコアは普及していくであろう。

そこで懸念されるのは、「バーチャルスラム」と呼ばれる現象である。低い点数を付けられた人々が住まいや仕事など、生活のさまざまな場面で不利益を被ることになり、貧困状態が固定化されることだ。

日本でも「バーチャルスラム」の形成はすでに始まりつつある。こうした社会的排除の「進化」への対抗策を私たちは考える必要がある。

第2章　世代を越えて拡大する住まいの貧困

今晩から野宿になるとブログで報告した若者

「三連休はホームレスになります」「人生初の野宿生活を体験することになりそうです」

2017年3月18日（土）朝、相原芳樹さん（仮名・30歳）は自身のブログ「Yoshikiの日記」にそう書き込んでから、都内のネットルームを退出した。

相原さんは3月初旬まで派遣会社が用意したアパートに暮らしながら神奈川県内の工場で働いていた。しかし、同僚から毎日のように暴言を吐かれたり、小突かれたりするという環境に耐えかねて退職。東京に出て、ネットルームに泊まりながら仕事を探し、週払いをしてくれる派遣会社に登録。クレジットカードに関する問い合わせに応じるコールセンターの仕事に就いたばかりだった。

ちなみにネットルームというのは、長期滞在を想定したネットカフェの一種である。運営会社のウェブサイトには「インターネットカフェの進化系！　居心地が良く、ビジネスホテルよりも安い完全個室をご提供。長期滞在に向けたシャワーやコインランドリーを全店舗設置」と書かれている。鍵もかかるようになっており、相原さんは一日あたり約2400～2600円を支払って、終日利用していた。

相原さんは減っていく所持金に不安を感じながら仕事に通っていたが、派遣会社から週払いの給与が振り込まれれば、なんとかやりくりできると算段を踏んでいた。しかし、振り込みがあるべき日に銀行口座に入金がなく、派遣会社に問い合わせた際、自分が致命的なミスを犯してしまったことに気づく。派遣会社の担当者から「申請ボタンって押しました?」と聞かれたのだ。

週払いをしてもらうためには派遣会社のウェブサイトに入って、「申請ボタン」をクリックしなければならない。そのワンクリックを忘れてしまっていたのだ。

この時点で所持金は1000円ちょっと。連休の影響もあり、週払いの手続きを今から行なっても振り込まれるのは3月22日(水)になる。ネットルーム代が払えないために、18日(土)の晩から22日(水)の朝まで4日間、路上生活をしなければならない。その現実に直面した相原さんは顔面蒼白になった。

ネットルームを出た彼は近くの公園に移動し、必死になってスマホでホームレス支援団体の情報を検索した。たまたま、その日の午後、東京都庁のそばで支援団体による炊き出しと医療・福祉の相談会が実施されていることを知り、急いで移動。終了間際になって相談会に到着することができた。相談の結果、私が運営する緊急シェルターに入所することができ、人生初の野宿は避けられたのである。

相原さんはシェルターに入居後、相談スタッフとの話し合いを行い、もともと抱えていたうつ病とPTSDの治療をするため、生活保護を申請することになった。

不安定な暮らしに戻るより、一度、きちんと治療に専念した方が長い目で見て、自分の将来につながると判断したためだ。プライバシーが保たれ、安心して眠ることのできる住まいを手に入れたことで、初めて将来のことを考えられるようになったのであろう。

「ネットカフェ難民」調査が明らかにした実態

相原さんのように、仕事をしながらもネットカフェなどで寝泊まりをしている人々は、全国的に増加傾向にあると推察される。「推察」という言葉を使わざるをえないのは、不充分ながらも定期的に行政による概数調査が実施されている路上生活者と違い、相原さんのように「路上一歩手前」の状態にある人々についての調査はほとんど行われていないからだ。

厚生労働省は、2007年に1度だけネットカフェや漫画喫茶等に寝泊まりする「住居喪失者」に関する実態調査を実施し、週に3、4日以上、ネットカフェ等に寝泊まりをしている「住居喪失者」は全国で約5400人である、という推計値を発表した。しかし、その後は私たちの再三の要請にもかかわらず、同様の調査は実施されていない。

なぜ2007年に「ネットカフェ難民」の調査が実施されたかと言うと、その年に同名のドキュメンタリー番組が日本テレビ系で放映され、大きな社会的反響を呼んだからである。「ネットカフェ難民」はその年の流行語となり、行政も調査や対策に乗り出さざるをえなくなった。

これは貧困に関する報道が行政を後押しした好例と言えるが、報道の熱が冷めると、行政は調査すら実施しなくなるというのは、「その場しのぎ」との批判を免れないだろう。

厚生労働省が調査を渋っている中、東京都は2018年1月、単独で実施した「住居喪失者」に関する調査結果を発表し、都内のネットカフェ、漫画喫茶、サウナ、カプセルホテル等に暮らしている「住居喪失者」は約4000人という推計値を公表した。

2007年の厚生労働省調査では、全国約5400人中、都内にいる人は約2000人とされていたので、単純に比較すると2倍に増えたことになる。

都の調査チームは、現在、住居がない人や住居喪失のおそれのある人など363人に生活や仕事の実態に関する調査も実施した。その概要は以下の通りである。

- 性別は男性が97・5％と圧倒的に多い。
- 年齢は、30代が38・6％と最も多く、50代（28・9％）、40代（17・4％）と続く。20代も11・8％いて、20〜30代で約半数を占めている。
- ネットカフェ等以外で寝泊まりしている場所としては、路上（43・8％）が最も多く、ファストフード店（40・5％）、サウナ（30・9％）と続く。夜は起きていて、昼に図書館などで寝るという人も10・2％いる。

20代と30代を合わせると約半数ということは、都内のネットカフェ等に暮らしている若者が約2000人いるということを示している。

4割以上の人が「路上」にも寝泊まりをしているという数字を意外に感じる人もいるかもしれないが、私はそもそも行政が「路上生活者」とネットカフェ等にいる「住居喪失者」を別のカテゴリーにしていることを疑問に思っていた。実際に当事者に話を聞いてみると、ある日の晩、ネットカフェに泊まるか、野宿をするかという選択は「その日の懐具合」に左右されているだけであることを知っていたからである。

都の調査では、「住居喪失者」の平均月収は11・4万円。この中には現在、仕事がなく貯金を取り崩している人も含まれている。派遣やアルバイト等の不安定就労をしている人の平均月収は12・0万円である。

「住居を確保することに関して、問題になっていることはありますか」との質問に対しては、「アパート等の入居に必要な初期費用（敷金等）をなかなか貯蓄できない」という選択肢を選んだ人が62・8％で最も多かった。「アパート等に入居しても家賃を払い続けるための安定収入がない（不安がある）」は33・3％、「アパート等の入居に必要な保証人を確保できない」も30・9％であったが、初期費用が最も大きなハードルになっていることがわかる。

人間関係については、困ったことや悩み事を「相談できる人はいない」と回答した人が41・3％にのぼった。相談相手として友人をあげた人は35・3％いたが、親をあげた人は3・9％しかいなかった。

私が相談現場で出会ってきた若年の生活困窮者の中には、虐待など親との関係に問題を抱えている人が少なくなかった。家庭の背景は様々だろうが、特に20代の若者の場合、親との関係が良好でなく、実家から出て一人で生活をしている人が多いのではないだろうか。

親元から出ることができない若者たち

ネットカフェ等に暮らす若者は例外的な存在だと見なされがちだが、本当にそうなのだろうか。そのことを調べた調査がある。

ホームレス支援に取り組む認定NPO法人ビッグイシュー基金が立ち上げた「住宅政策提案・検討委員会」（委員長：平山洋介神戸大学大学院教授）では、2014年8月、低所得の若者の居住実態を調査するため、首都圏と関西圏に暮らす20代、30代の低所得（個人の年収が200万円未満）の未婚の男女（学生を除く）を対象に、インターネット調査を実施した（1767人が回答）。この調査報告書は『若者の住宅問題』というタイトルの冊子にまとめられており、インターネットでダウンロード可能である。

この調査では、低所得の若者の77・4%が親と同居していることが明らかになった。ここからは、低所得ゆえに独立した住まいを確保することが困難になっている状況がうかがえる。

また、ネットカフェや友人宅などの「広い意味でのホームレス状態」を経験したことがあるかという質問に対しては、全体の6・6％にあたる人が経験ありと回答した。親と別居しているグループに限定すると、その割合は13・5％にまで達している。実に7〜8人に1人の若者が「広い意味でのホームレス状態」を経験しているのだ。

これらの調査結果は、若者たちにとってアパートやマンションを借りることが大きなリスクとなっていることを意味している。特に大都市圏では住宅費の負担が高いために、失業などをきっかけにして家賃を滞納し、部屋から追い出されてホームレス化してしまうリスクが高まっている。そのリスクを回避するため、親の家に居られるうちは居続けるという若者が増えているのだ。

親元で生活できているのなら、特に問題はないと見る向きもあるだろう。しかし、この『若者の住宅問題』調査では、結婚の意向に関する衝撃的な結果も明らかになっている。調査対象者のうち、「結婚したいと思わない」、「できるかわからない」、「できないと思う」と、結婚について消極的または悲観的な若者が全体の約7割に達しているのである。逆に、「結婚できると思う」は6・6％、「結婚の予定がある」は2・5％で、結婚に前向きな人は1割にも満たない。この結果は、今の低所得の若者たちの多くが、自分の住まいを確保することすら困難であるという状況の中で、全く将来を見通せない状況にあるということを意味していると私は考えている。

欧米では、若者が早期に実家を出るのを促すことが社会を持続させるためのサイクルにつながるという考え方が一般的であり、そのために若年層を対象にした家賃補助などの住宅政策が実施されている。日本でも若者支援としての住宅政策が求められていると言えよう。

若者の貧困を放置していてよいのか

２０１８年2月14日、私は、「若年者をめぐる格差への取組」をテーマに開催された参議院国民生活・経済に関する調査会に参考人として招致され、意見陳述を行った。

その場で私は、東京都の調査結果を紹介し、「ネットカフェ難民」が増えている背景に、都市部で住宅を確保する際の初期費用が高いという問題があることを指摘。その上で、従来の住宅政策を転換して、若者への住宅支援を強化する必要があることを国会議員に訴えた。

私の問題提起に対する各会派の議員の反応はさまざまであった。私の提言に賛意を示してくれる議員も少なくなかったが、日本維新の会の議員からは「今は人手不足なので、仕事はある。そういう職場がありながらブルーテントになる。それを助けろといっても、ちょっと甘やかし過ぎなのではないか」、「もっとつらい仕事をすれば収入が増えるのではないか。つらいのが嫌だから、軽い仕事で収入が低いのではないか」といった質問があった。

これに対して、私はこの議員が「ブルーテント」と「ネットカフェ」を混同していることからして、問題を誤解しているのではないか、と指摘した上で、「ネットカフェなどでの生活は決して楽な暮らしではなく、体調を悪化させている人もいる」と説明をした。

大人の貧困に関する自己責任論の強さを再認識したやりとりであったが、私が議員たちに考えてもらいたかったのは、生活の基盤である住まいを確保することすら困難になり、若者たちが将来の見通しを立てられない社会に未来はあるのか、ということである。問われているのは若者たちではない。社会の側なのだ。

困難極める単身高齢者の部屋探し

住まいの貧困は世代を越えて広がっている。

2016年12月、私が運営するシェルター「つくろいハウス」(東京都中野区)に80歳の男性が入所した。

佐久間さん（仮名）は月に十数万円の年金収入があるものの、2年前、住んでいたアパートが老朽化して取り壊しになり、立ち退きを余儀なくされた。すぐに次のアパートを探したものの、不動産店で自分の年齢を告げると、どこの店でも「それは難しいですね」と言われ、退去までに次の部屋を確保することができなかった。仕方なく、荷物を処分して、カプセルホテルに移り、部屋探しを続けたものの、いつまで経っても見つからない。そこで、ホームレス支援団体に相談し、私たちのシェルターに入居することになったのである。

「つくろいハウス」は、ホームレス状態にある人がアパートに移るまでの一時的な待機場所であり、近隣の不動産店の協力も得て、入所者がアパートに移るためのサポートも行っている。

しかし、佐久間さんの部屋探しは困難を極めた。ご自身は持病もなく、足腰もしっかりしているのだが、その年齢ゆえにアパートの大家さんたちが孤独死を恐れ、受け入れてくれないのだ。アパートに入居した後も私たちが緊急連絡先となり、定期的な安否確認を行うと言っても、受け入れてくれる物件はなかなか出てこなかった。

私は過去に80代の単身高齢者の部屋探しを何度かお手伝いしたことがある。その際に協力してくれた知り合いの大家さんに今回もお願いしようと思って連絡をしたところ、大家さん自身が高齢になったため、すでに代替わりしていて、アパートの管理や入居審査は不動産会社に任せることになったという。その管理会社の担当者は親身になって話を聞いてくれたものの、検討の結果、やはり80代の単身者の入居は無理と言われてしまった。

その後も各方面をあたった結果、最終的に2017年2月下旬、佐久間さんはなんとか6畳一間の風呂無しアパートに入居することができた。ご本人は「銭湯が好きだから風呂無しアパートでも良い」と言っていたが、バスルーム付きの物件にこだわっていれば、いつまで経っても部屋は見つからなかったかもしれない。

貧困ビジネス施設が「終のすみか」に

佐久間さんのように、住んでいた賃貸住宅を立ち退きによって追われてしまう高齢者は少なくない。首都圏では2011年の東日本大震災以降、耐震性の弱い木造賃貸住宅の取り壊しや建て替えが進んでおり、その結果、そこに暮らしていたお年寄りが住まいを失ってしまうケースも散見される。立ち退き料が支払われたとしても、次に入居する住宅が見つからないために、高齢者がホームレス化してしまうのだ。

こうした木造賃貸住宅（木賃アパート）は、戦後の住宅難の時代に作られたものが多く、かつては山手線を取り囲むように「木賃ベルト」と呼ばれる木賃アパート密集地域が広がっていた。木賃アパートの家賃は安く、かつては地方から都市に流入した学生や労働者の受け皿になっていたが、現在暮らしている住民の多くは低年金の高齢者だ。例えば、年金収入が月10万～11万円しかない単身高齢者が家賃3万円の風呂無しアパートに暮らしているといった具合である。

立ち退きによって木賃アパートを追われた高齢者はどこに行くのだろうか。木賃アパートが建て替えになる場合、ワンルームマンションが新たに建てられることが多く、それに伴って家賃は月6万円以上に上昇することになる。家賃をまかないきれないため、新しい物件に入れない高齢者の中には、立ち退きをきっかけに福祉事務所に相談し、生活保護を申請する人もいる。収入が生活保護基準（東京都内で単身世帯の場合、住宅費を含めて約12万～13万円）を下回っており、資産がほとんどないといった要件をクリアすれば、年金生活者でも生活保護を利用できるからだ（この場合、生活保護基準と年金額の差額が保護費として支給される）。

しかし、生活保護制度を利用しても、行政が住まいの確保にまで動いてくれるケースはまれである。福祉事務所の中には、立ち退きに遭っている高齢者が窓口に相談に来た場合、民間の宿泊施設への入所を勧めるところが少なくない。その中には、「貧困ビジネス」と言われる劣悪な環境の施設も多く含まれている。

2016年12月30日、毎日新聞に掲載された「無料低額宿泊所　死亡、年150人　滞在長期化　東京・千葉」という記事によると、住まいのない生活保護利用者の宿泊場所として運営されている民間の宿泊所において、入所者の死亡が相次ぎ、東京都と千葉県の民間宿泊所だけで年間150人以上が死亡退所しているという。また同記事によると、「船橋市の宿泊所で死亡退所した19人は全員男性で、死因はがんが最多の8人。平均年齢は67・8歳、平均入所期間は4年8カ月で、最高齢は80歳、最長入所期間は8年7カ月だった」という。「貧困ビジネス」の施設が高齢者の「終《つい》のすみか」と化している現状があるのだ。

私自身、生活困窮者の相談活動の中で、「貧困ビジネス」施設に10年以上暮らしていた高齢者に何人も会ったことがある。

「貧困ビジネス」施設が社会問題になっていることを受けて、厚生労働省は2019年9月、民間の宿泊施設の設備や運営方法の最低限の基準を定めた省令を公布し、2020年度から運用をする予定である。居室の個室化も盛り込まれたが、従来から存在する多人数の居室については3年間の経過措置が設けられたので、規制の効果が出るのはまだ先のことになりそうだ。

消えた数値目標

自分で暮らしていける年金収入があっても、あるいは生活保護によって最低限の収入が保障されていても、高齢者が安心して暮らせる住まいを確保できない。

こうした高齢者への入居差別の問題は、近年、国レベルでも大きな議論となっている。

2014年には国土交通省に「安心居住政策研究会」という有識者の審議会が設置され、「高齢者、子育て世帯、障害者等の多様な世帯の安心な住まいの確保に向けた目指すべき方向性、今後取り組むべき対策等」の検討を行った。

2015年4月に発表された同研究会の「中間とりまとめ」では、高齢者の入居に拒否感を持つ家主の割合を現在の6割から2020年度までに半減させる、という目標値が掲げられた。

この「6割」という数値は、公益財団法人日本賃貸住宅管理協会が2010年11月に実施した「高齢者の入居に拒否感がある賃貸人の割合が59・2%にのぼる」という調査結果を踏まえたものであった。「拒否感」とは「なるべくなら入れたくない」という気持ちを持っているという意味である。

しかし、皮肉なことに「中間とりまとめ」が発表された後の2015年12月に実施された同協会の調査では、「拒否感がある賃貸人の割合」が70・2％まで上昇してしまった。その影響か、2016年4月に発表された安心居住政策研究会の最終報告では前述の数値目標は盛り込まれなかった。

日本の高齢者の持ち家率は約8割にのぼるため、賃貸住宅に暮らす高齢者の問題は見過ごされがちだ。しかし、近年の非正規雇用の増加、給与所得の減少により、年齢が下がるにつれ、住宅ローンを組める層は減少している。高齢者が賃貸住宅を借りられない状況を今のうちに改善しておかなければ、将来に大きな禍根を残すであろう。

障害者差別解消法は入居差別をなくせるか

高齢者同様、厳しい入居差別にさらされているのが障害者である。前述の日本賃貸住宅管理協会による2015年の調査結果でも、障害者のいる世帯の入居に「拒否感がある」と答えた賃貸人の割合は74・2％にのぼっている。2010年調査では52・9％だったので、5年間で21・3％もアップしてしまったことになる。
2016年7月26日には、神奈川県相模原市の知的障害者施設に元職員の男が侵入し、19人の入所者が殺されるという犯罪史上、まれに見る凄惨な事件が発生した。この事件では容疑者の男性が障害者を抹殺することを正当化する偏った思想を持っていたことが注目されたが、こうした差別思想は容疑者個人の特異性で片づけられるものではなく、程度の差こそあれ、日本社会に内在していると私は考える。その意味で、賃貸人の約4分の3が「障害者はなるべくなら入居してほしくない」と感じているという状況は、不動産業界だけでなく、社会全体の問題として深刻に捉える必要があるだろう。

障害者に対する入居差別の具体的事例が表に出る機会はあまりないが、千葉県が2004年、「障害のある人もない人も共に暮らしやすい千葉県づくり条例」の制定にあたり、住民から募集した「障害者差別に当たると思われる事例」には、住宅の賃貸に関して以下のような事例が寄せられている。

・マンションを借りるとき、障害児がいると不動産屋に言ったら、「大家に引っ越してくれと言われたら引っ越す」と一筆書かされた。明らかな差別と思う。
・不動産の賃借契約を交わし、契約金も支払った後なのに、精神障害者であることが分かった途端、「奇声をあげたりするのですか?」「暴れたりするのですか?」と質問された。隣近所に迷惑をかけたり家賃を滞納したりしたこともないと説明したにもかかわらず、契約は無効とされた。
・うつ病になった事を大家に告げたら、「出て行ってください」と言われた。
・「聞こえないのでは何かあったときに困る。保護者の方を連れてきてください」と聴覚障害を理由に借家を断られる。

こうした日本社会に根強い障害者差別をなくしていくため、2016年4月、障害者差別解消法が施行された。法律は差別を解消するための措置として、民間事業者に対しても「差別的取扱いの禁止(法的義務)」と「合理的配慮の提供(努力義務)」を課しており、その具体的な対応として、それぞれの分野の担当大臣に事業者向けの対応指針を示すことを求めている。

住宅の分野では2015年11月、国土交通省が宅地建物取引業者を対象とした対応指針を公表した。指針では、不動産業者が物件広告に「障害者お断り」と記載して入居者募集を行うことや「当社は障害者向け物件は取り扱っていない」と門前払いをすること等を明確な差別として禁止している。

だが、本当に障害者は民間賃貸住宅に入居しやすくなるのだろうか。法律の効果により、「明文化された形での入居差別」は根絶されるだろうが、「明文化されない、明示されない形での入居差別」はなかなかなくならないのではないか、と私は懸念している。

私自身が精神障害のある人の部屋探しに協力したケースでも、貸主の側から近隣とのトラブルを起こすリスクのある人と見なされ、実質的に障害を理由に入居を拒否される事例が後を絶たない。そうした場合、仲介の不動産業者から「なぜ若いのに生活保護を受けているのか、大家さんが気にしていた」等と言われ、明言はしないものの障害がネックになっていたことを告げられることもある。

大阪府と「不動産に関する人権問題連絡会」が2009年に、府内の全宅建業者を対象に実施した調査では、22・7%の業者が「障害者については家主から入居を断るように言われた」と回答している。

こうした貸主の意識は一朝一夕には変わらないため、障害者差別解消法の趣旨の徹底と、地道な啓発活動が求められている。

新たな住宅セーフティネット制度

高齢者、障害者、低所得者など、民間の賃貸住宅市場で住まいを確保しにくい人を国土交通省は「住宅確保要配慮者」と呼んでいる。

この「住宅確保要配慮者」への住宅支援を進めるため、2017年4月、住宅セーフティネット法の改正が行われた。もともと2007年に制定された住宅セーフティネット法は「住宅確保要配慮者」への支援の必要性を示したにとどまり、具体的な中身に乏しい法律だった。それを今回、抜本的に改正したのである。

この法改正によって、2017年10月から始まった制度が、空き家を活用した「新たな住宅セーフティネット制度」である。

新制度では、物件のオーナーが空き住戸を高齢者、障害者、子育て世帯など「住宅確保要配慮者」の入居を拒まない住宅として登録すると、国の専用サイトで情報が公開される仕組みが導入された。また、オーナーが登録する空き家のバリアフリー化や間取り変更、耐震補強を目的として改修を行う際、融資を受けられたり、補助をしてもらえたりする仕組みも導入された。

国土交通省は2020年度末までの3年半に全国で17万5000戸の住宅の登録をめざしているが、新制度が始まって2年以上が経過しても、登録戸数は目標の1割程度にとどまっている。

私は「住宅セーフティネット制度」がスタートした当初、新制度に期待を寄せていたが、登録が進まない現状を見ると、国や自治体の役割をマッチングに限定し、オーナーの善意に頼る制度設計には限界があったと評価せざるをえない。

では、どうすればいいのだろうか。

国内の空き家は増え続けており、2018年10月時点で過去最多の846万戸に達している。これは住宅総数の13・6%も占める数であり、増え続ける空き家は深刻な社会問題になっている。

この空き家を住まいに困っている人のために活用しようという方向性自体は間違っていないと私は考える。必要なのは公的機関がさらに一歩踏み込んで関与することだ。

ヒントになるのは、東日本大震災における被災者支援で新たに導入された「みなし仮設住宅」の仕組みである。被災者数が多かった東日本大震災では、従来型の仮設住宅だけでは数を揃えることができなかったため、民間の賃貸住宅の空き家を自治体が直接借り上げて被災者に提供する「みなし仮設住宅」という仕組みが新たに導入された。

従来型の仮設住宅と違い、建設コストがかからない「みなし仮設住宅」は、その後の災害でも活用されている。

この仕組みを援用して、平常時でも自治体が空き家を借り上げ、「住宅確保要配慮者」に低家賃で提供する制度を作れば、オーナーも安心して空き家を提供するであろう。

同時に、民間賃貸住宅における入居差別は、住宅に関する差別の禁止に特化した法律を作る必要があると考える。その点で参考になるのが、アメリカの「公正住宅法」（フェア・ハウジング法）だ。

特に2020年代は、外国籍住民の住宅確保の問題が深刻化する可能性がある。以下に外国人の住宅問題について考えてみたい。

日本はすでに「移民社会」に

2019年4月1日、外国人労働者の受け入れを拡大する「出入国管理及び難民認定法及び法務省設置法の一部を改正する法律」（改正入管法）が施行された。改正入管法では新たな在留資格である「特定技能」が新設され、介護、外食、建設、農業、宿泊など人手不足が深刻な14の分野に5年間で約34万5000人の外国人労働者を受け入れる計画が立てられている。

日本に暮らす外国人は近年、増加の一途をたどっており、法務省によると2018年末現在で日本に在留する外国人は約273万人。前年比は約17万人（6・6%）増で、過去最高を記録した。1988年には約94万人だったので、この30年間で3倍近くになったことになる。全人口に占める外国人の割合も約2・2%に達しており、すでに日本は「移民社会」となっていると指摘する識者も少なくない。

政府は受け入れの拡大にあたって、外国人との共生社会の実現を掲げているが、労働環境、日本語教育、社会保障などの整備は出遅れている。安価な「人材」を求める経済界からの要請に応えようとするあまり、「人」としてどう受け入れるのか、という面がおろそかにされていると言わざるをえない状況だ。

外国人の受け入れに関して私が注目しているのは、住宅の確保に関わる課題である。

2018年12月25日に政府が発表した「外国人材の受入れ・共生のための総合的対応策」では、外国人の住宅確保に関して以下のような施策が記載されていた。

・外国人労働者の受け入れ企業が、自ら適切な住宅確保を行うほか、保証人として入居をサポートするなど、責任をもって住宅の確保が確実に実施されるよう、環境整備を行う。
・不動産関係団体において、大家の懸念を払拭するため、外国人の入居受け入れに関する無料相談窓口の充実を図る。
・国土交通省で作成している「外国人の民間賃貸住宅入居円滑化ガイドライン」（各国語版の賃貸住宅標準契約書や実務対応マニュアルを収録）を自治体、不動産関係団体と連携して普及する。
・UR（都市再生機構）の賃貸住宅において、外国人の居住者が多い団地で実施されている外国人との共生の取り組み（外国語版の居住者向けリーフレットの配布、通訳の配置、居住者間の交流イベントの開催等）を推進する。

民間賃貸住宅への入居支援については、すでに先行して動いている自治体も存在する。住民の8人に1人が外国人である東京都新宿区では、住まい探しや生活ルール・マナーなど、住まいに関わる様々な情報を多言語で提供。不動産業界にも協力を要請し、入居の支援や入居後のトラブルの未然防止に力を入れている。

外国人への入居差別

だが、こうした取り組みがある一方、全体として外国人の民間賃貸住宅への入居差別は深刻である。

２０１６年に法務省が公益財団法人「人権教育啓発推進センター」に委託して実施した調査では、日本で住む家を探した経験のある外国人２０４４人のうち、「外国人であることを理由に入居を断られた」経験のある人は39・３％、「日本人の保証人がいないことを理由に入居を断られた」経験のある者は41・２％、「『外国人お断り』と書かれた物件を見たので、あきらめた」経験のある人は26・８％もいた。

私の勤める大学でも、アジア各国の留学生から賃貸住宅の確保に苦労したという話を聞く機会は多い。

外国人への入居差別は不動産業者を対象にした調査でも明らかになっており、２０１７年に三重県伊賀市が市内の宅建業者を対象に実施した調査（22社から回答）でも、賃貸住宅の仲介で「家主から外国人については断るように言われた」ことがある業者は78・6%にのぼっている。同市の2012年の調査では61・1%だったので、近年、入居差別が悪化していることが見て取れる。

過去には外国人への入居差別が裁判で争われ、損害賠償が認められたケースも少なくない。

2003年1月14日、さいたま地裁は、インド国籍の人が賃貸住宅を探す目的で宅建業者へ電話したところ、業者の従業員が「肌の色は普通の色か」、「普通の色とは日本人の肌のような色」といった発言をした事件において、50万円の損害賠償等の支払いを命じた。控訴審の東京高裁も一審判決を支持した。

2006年1月24日、神戸地裁尼崎支部は、在日韓国人夫妻が韓国籍を理由に家主から入居拒否された事件について、家主に対して計22万円の損害賠償等の支払いを命じた。控訴審の大阪地裁も一審判決を支持した。

2007年10月2日、京都地裁は、韓国籍の人が国籍を理由にマンションへの入居を拒否された事件において、家主に計110万円の支払いを命じた。

住まいの差別を禁止したフェアハウジング法

このように現在の法制度でも住宅に関わる差別をされた外国人が相手を訴えることは可能だが、私は住居差別をなくしていくためには、アメリカの「公正住宅法」のような法律が日本にも必要ではないかと考えている。

公正住宅法は、公民権運動の流れの中で1968年に制定された。1988年の修正を経た現在の法律では、住まいの賃貸や売買に関して、人種、皮膚の色、宗教、性、障害、婚姻（家族状況）、国籍による差別を禁止している。

この公正住宅法が順守されているかどうかを監視するのは、住宅政策を管轄するアメリカ住宅・都市開発省（HUD）の役割である。HUDは公正住宅法の内容と権利が侵害された場合の相談先を記載したパンフレットを各国語版（日本語を含む）で作成・配布しており、2017年には住宅差別については2万8843件の苦情がHUDに寄せられた。

2019年3月28日にHUDはFacebookのターゲティング広告が住宅差別を助長し、公正住宅法に違反しているとして同社を民事提訴した。HUDはFacebookに掲載される住宅関連広告において、米国生まれでない人、キリスト教徒でない人、ヒスパニック文化に興味がある人等が広告の配信対象から排除できるようになっていたのは差別に当たり、違法だと主張。損害賠償や制裁金などを求めている。

ＨＵＤのベン・カーソン長官は声明の中で「Ｆａｃｅｂｏｏｋは、その人が誰であるか、またどこに住んでいるかに基づいて差別を行っている」と指摘し、「コンピューターを利用して人々の住まいの選択の自由を制限することは、誰かの目の前でドアをバタンと閉めることと同じ差別的な行為である」と述べている。

ＨＵＤはＧｏｏｇｌｅ社やＴｗｉｔｔｅｒ社についても同様の住宅差別がないか調査しており、住宅差別の新たな形態にも積極的に介入していく姿勢を見せている。民間住宅市場における差別にはノータッチの日本の国土交通省には見習ってもらいたい。

日本の行政が進めている不動産関係者への啓発活動や、裁判による事後的な救済にも、もちろん意義はあるが、国籍や障害の有無などによる住宅差別を根本からなくしていくために、日本でも法規制の議論を始める必要があるだろう。

ＬＧＢＴの住まい探しの困難

これまで低所得の若者、高齢者、障害者、外国人の住宅問題を見てきたが、ＬＧＢＴの人々の住宅事情についても見てみたい。

住宅セーフティネット法では、高齢者、障害者、低所得者、被災者、子育て世帯の5つの属性の人々が「住宅確保要配慮者」として位置づけられている。

また国土交通省の省令では、外国人、中国残留邦人等、児童虐待を受けた者、ハンセン病療養所入所者等、DV被害者、拉致被害者、犯罪被害者、生活困窮者及び矯正施設退所者も、「要配慮者」に含まれている。

だがLGBTについては、国の基本方針の中で「自治体の供給促進計画で位置づけられる者」の例の一つとして記載されているものの、LGBTを「要配慮者」に入れるかどうかの判断は各自治体に任されている。

国土交通省としてもLGBTの住宅問題に無関心であるわけではないようだが、この扱いには疑問が残る。

不動産ポータルサイト「SUUMO（スーモ）」を運営する株式会社リクルート住まいカンパニーが、LGBTを自認している362人を対象に実施した「LGBTの住まい・暮らし実態調査2018」では、住まい探しで、困ったことや居心地の悪さを感じた経験があると答えた比率は、「賃貸住宅探し」で28・7%、「住宅購入」で31・1%にのぼった。

また同社が不動産オーナーを対象に実施した意識調査では、男性同性カップルの入居を断った経験があると答えた人が8・3％、女性同性カップルの入居を断った経験がある人が5・7％存在したという。

オーナーの中で、男性同士の同性カップルの入居希望に対して「特に気にせず入居を許可する」と回答した人は36・7％、女性同士の同性カップルの入居希望に対して「特に気にせず入居を許可する」と回答した人は39・3％と、いずれも4割を下回っていた。

そのため、同性カップルの中には友人同士のルームシェアと説明をして部屋を探す人が少なくない。私が相談現場で出会った同性カップルの中には、住まいを確保するために養子縁組を行い、形式上は親子として入居した人もいた。

近年は、「SUUMO」などLGBTフレンドリーの物件を扱う住宅情報サイトや不動産店も出てきているが、全体として差別が解消されているわけではない。

このようにLGBTは住宅へのアクセスにハードルがあるが、生活に困窮してしまい、福祉制度を利用しようとする際にも高いハードルがある。

「ここで自分のことを話さないといけないのですか?」

私は十数年前、ＨＩＶ陽性者で、ホームレス状態になっていたゲイの男性が生活保護を申請するのに同行したことがある。

男性は生活に困窮し、医療費も払えないため、福祉事務所に相談することにしたが、後で聞くと、役所の福祉課のフロアに足を踏み入れた瞬間、そのままきびすを返して帰ろうと思ったと言う。

「ここで自分のことを話さないといけないのですか?」と緊張した面持ちで、彼は私に質問した。

多くのホームレスの人が相談に訪れるその福祉事務所では、横に長いカウンターを挟む形で相談者と面接担当の職員が向き合い、隣の席にいる人の相談内容が丸聞こえの状況だった。そこで自分の生活歴や病気のことを話さなければならないという状況は耐えられないと彼は感じたのだ。

私は「個室の相談室で話ができるように交渉してみます」と答え、受付で職員に小声で「聞かれたくない事情があるので、個室を用意してほしい」と伝えた。少し待たされたものの、私たちは個室の相談室に通された。

その後、生活保護の申請自体はスムーズに手続きできたものの、彼が今晩からどこに泊まるのかという点はなかなか決まらなかった。

住まいがなく、ホームレス状態にあったとしても生活保護を申請することは可能だ。だが、申請した後は通常、その日の晩から宿泊先を定めることが役所から求められる。

首都圏では公的な宿泊施設が圧倒的に不足しているため、その地域にある民間の宿泊所を役所が紹介するのが通例になっている。だが、その民間宿泊所の多くが集団生活の施設であり、中にはワンフロアに約20人が寝泊まりしているような施設も存在している。

私が同行した男性は、過去に同性からいじめられた経験から、集団生活での居住環境には耐えられないと語っていた。また、HIV陽性者を受け入れることができる民間の施設を役所の担当者も見つけることができなかった。

2時間以上、交渉した結果、男性の宿泊先としてビジネスホテルを利用することを認めさせることができた。担当者はあくまで「特例的」な措置だと強調していた。

私のような支援者が付き添うことなく、彼が一人で福祉事務所に相談に行っていたら、どうなっていただろうか。最初のカウンターの様子を見ただけで相談を断念して帰ってしまったかもしれないし、そこを乗り越えたとしても、「泊める場所がないので、また明日、来てください」と言われて、事実上、追い返されたかもしれない。

また、同性カップルが生活に困窮し、ホームレス化した場合、生活再建のために福祉事務所で相談したとしても、職員が二人を家族として扱わず、家族向けの宿泊施設に入所できずにバラバラにさせられてしまうこともある。ここでも「理解のある担当者にあたるかどうか」によって、運命が左右されてしまう状況があるのだ。

生まれた時の性と性自認が異なるトランスジェンダーの人の生活相談を受けたこともあるが、トランスジェンダーの人たちが生活に困窮して住まいを失い、公的な支援を受けようとした場合も、宿泊先の確保に苦労する場合が多い。民間宿泊所は男性専用と女性専用に分かれており、トランスジェンダーの人の受け入れに難色を示す施設も少なくないからだ。

生活保護をはじめとする社会保障制度は、生活に困った全ての人がアクセスできなければならないはずだが、ＬＧＢＴの生活困窮者にとっては制度を利用するにあたって越えなければならないハードルがいくつもある、ということを私は経験から感じてきた。

「LGBT支援ハウス」開設

私は過去25年間で3000人以上のホームレスの人の生活保護申請に立ち会ってきたが、そのうち、LGBTであることをオープンにしている人や、オープンにしていないものの私に話してくれた人は数十人いた。

だが、生活保護の申請を支援した人たちとの関わりには濃淡があり、10年以上の付き合いの人もいれば、前日の晩のホームレス支援の夜回りで初めて会い、翌日すぐに申請に同行したというケースも多数ある。そうした薄い関わりの中では、自分のセクシュアリティについて支援者に語っていない人も少なくないだろうから、実際にはもっと多くのLGBTに出会っていたのだろうと今では思う。

アメリカでは若年ホームレスの約4割がLGBTであるという調査結果があるが、日本ではこうした調査は実施されていない。ただ、ゲイやバイセクシュアルの男性を主な対象として実施された国内の調査では、全体の5・2％が「住む家をなくしたことがある」と回答している。これは決して少なくない数字だと言える。

LGBTの生活困窮者が公的支援を利用する際のハードルのうち、面接時の環境については、職員のプライバシーに対する意識を高め、全ての相談者に最初の段階で個室での相談を望むかどうかという意志の確認をすれば、問題は解決するはずである。

だが、もう一つのハードルである宿泊先の居住環境については、プライバシーが保たれた個室のある宿泊施設が限られている以上、新たな社会資源を作らなければ、解決が難しい。

本来、施設の居住環境の整備は行政の責任において行われるべきである。またＬＧＢＴの人に限らず、安全・安心に暮らせる居住環境は、希望する全ての人に保障されるべきだと私は考えている。

しかし現状において、特にＬＧＢＴの生活困窮者が公的支援にアクセスしにくくなっているという事実を踏まえると、当面の対応策としてＬＧＢＴの人専用の個室シェルターを自前で用意するという選択肢も有効であろう。

こうした問題意識のもと、東京都内のＬＧＢＴの当事者グループや個人は２０１７年から話し合いを重ねてきた。そして、２０１８年には「ＬＧＢＴハウジングファーストを考える会・東京」という新たな団体を発足し、自前で「ＬＧＢＴ支援ハウス」を開設するというプロジェクトを立ち上げるに至った。

同会は「ＬＧＢＴ支援ハウス」を開設するためのクラウドファンディングを行ない、その資金をもとに２０１９年1月、東京都中野区のマンションの1室を借りて、「ＬＧＢＴ

っている。
支援ハウス」（通称「虹色ハウス」）がオープンした。私も同会にアドバイザーとして関わ

LGBTの生活困窮の背景

「LGBTハウジングファーストを考える会・東京」のメンバーで中野区区議会議員の石坂わたるさんに、LGBT支援ハウスのプロジェクトの背景について話を聞いた。

石坂わたるさんは日本ではまだ少ないオープンリー・ゲイの公職者の一人であり、2018年8月にスタートした中野区の同性パートナーシップ制度の実現に向けて尽力してきたことでも知られている。

石坂さんは2011年に区議会議員になって以来、これまで何人も生活に困窮するLGBTの相談・支援を行なってきたと言う。

「DVで逃げてきた人もいましたし、働いていた職場の中でLGBTであることがばれてしまい、職場の中で性的嫌がらせが発生して、逃げてきたという人もいました。住まいを失い、その日、その日、相手を探して泊めてもらうという人もいれば、『ウリセン』と呼ばれるゲイ向けの性風俗産業で寮付きのところで働いていたけど、合わなくて逃げてきた

人、お客さんから暴力を受けていた人の相談にのったこともあります」

石坂さんは、ＬＧＢＴの生活困窮の背景にある問題の一つとして、実家との関係の悪さを指摘している。

「カミングアウトをしたことで家族との関係が悪くなった人もいますし、本当のことが言えない中で、関係が悪くなってしまい、やっと親との関係を断ち切ってきて出てきたという人もいます。そうした人の中にはメンタルヘルスの問題を抱えていて、働けない状況になる人も少なくありません」

そうした人たちを公的支援につなげる際に、やはり問題になったのが居住環境の問題である。

「生活保護の窓口では、集団生活の民間宿泊所からスタートすることを勧められるのですが、それだと無理だという人が一定数いらっしゃいます。同性からのＤＶや嫌がらせを受けてきた経験があって、同性との集団生活が難しいという人もいます。また、民間の宿泊所にすでに入っている人からの相談を受けたこともありますが、『この環境にいて、自分が自立に向けて動き出せるとは思えない』と語っていました。彼は、施設の中で自分がゲイであることがばれるのではないか、ばれたらどうしようということが頭から離れず、ゲイであることを隠さないといけないが、生活全部が集団生活の中で一緒になっているので、そこがすごくストレスになっていると言っていました」

石坂さんは、支援ハウスの意義について「きちんとした住所があって、一人で落ち着ける環境の中で自立に向けて考えていくことができる」と説明をされていた。

LGBT支援ハウスは、開設から1年の間に4名の入居者を受け入れた。入居者の中には職場でのハラスメントや同居していた人からの暴力を受けた経験のある人が多い。

「LGBTハウジングファーストを考える会・東京」では、他の団体と連携しながら入居者に対して、生活保護申請、医療機関へのつなぎ、部屋探し等の支援を行なっている。まだ1室だけの取り組みだが、今後は広げていきたい考えだ。

「#私の住宅要求」キャンペーン

本章ではさまざまな属性の人たちの住まいの貧困について見てきたが、こうした現状を変えていくためには、当事者が声をあげていく必要があると私は考えている。

私は2009年に、生活困窮者支援の関係者や住宅問題に取り組んできた研究者、法律家らとともに「住まいの貧困に取り組むネットワーク」を設立し、住まいの貧困問題を解決するための政策転換を求めて活動を続けてきた。

２０１９年5月には、Ｔｗｉｔｔｅｒ上で「#私の住宅要求」というキャンペーンを呼びかけた。このキャンペーンは、住まいに関する困りごとや住宅政策に関する要望を「#私の住宅要求」というハッシュタグを付けてもらって、各自発信してもらおうという内容で、同年7月の参議院選挙に立候補する政治家や政党に住宅政策に関心を持ってもらうのが目的であった。

キャンペーン開始時、私は以下のツイートで呼びかけを行った。

• 昨年（２０１８年）、亡くなられた早川和男先生は、生前、「日本人は住宅に公的支援がないことに疑問を感じない。マインドコントロールにかかっているようなものだ」と指摘されていました。

• 「#私の住宅要求」を声に出すことで、マインドコントロールから抜け出そう！

住まいを基本的人権と位置付ける「居住福祉学」を提唱した早川和男神戸大学名誉教授は、『住宅貧乏物語』（１９７９年、岩波新書）、『居住福祉』（１９９７年、岩波新書）等の著作を通して、日本の住宅政策の問題点を指摘し続けてきた。

同時に早川教授が強調していたのは、日本人の住宅に対する意識自体を変える必要があるということである。日本では住宅の確保は自己責任だとする社会意識が根強いため、年金や医療、介護、保育、教育といった他の政策に比べて、住宅政策への関心が低く、選挙で住宅政策が争点になることはない。そうした現状を「マインドコントロール」という言葉を使って、警鐘を鳴らしていたのである。


「#私の住宅要求」キャンペーンは大きな反響を呼び、短い期間にさまざまな内容のツイートが発せられた。

以下、テーマ別に紹介していきたい。

住まいをめぐる切実な声

やはり一番多かったのは、家賃や住宅を借りる際の初期費用の高さに関するツイートだ。

- 給料は増えないのに、家賃だけがどんどん上がってきてる。

・世田谷区で一人暮らししてました。しかし家賃の高い事！　1K6畳で月6万円も取られ、仕送りが6割吹き飛びました。

・「最低賃金○時間分以上は、家賃として徴収してはならない」と決めてほしい。それで家主が苦しいってんなら、国が補助してさしあげて。

・部屋を借りる際の初期費用を安くして欲しい、敷金＋礼金＋保証金＋保証人＋火災保険でとんでもない額になります。あとは、若い単身者でも住める公共住宅があったほうが良いです。

・引っ越し費用が安ければ、うつになんかならなかった。

家賃・初期費用の問題と同時に、たくさんの人が不満を表明した問題の一つは入居差別の問題である。

・シングル母世帯への住宅差別があります。「そういう人はうちではちょっと」と不動産屋で門前払い。働いてるかとか保証人いるかとかそういうの一切、聞かれない。

・某大手不動産（仲介）業者で、表に出さずに、社内の内規でもって、生活保護利用者と、精神保健福祉手帳1級の人には、絶対貸さない会社がありますね。障害者差別解消法施行後も。

・私は救護施設の支援員です。利用者が居宅生活を希望しても「精神障がい者・単身の男性高齢者」といった理由でアパート入居を断られることがあります。しかし、生活能力は十分に備わっている人もいます。病気・年齢・性別などを理由に地域生活のスタートラインにも立てないのは悲しい。

・75歳以上の単身高齢者は部屋探しに大変苦労されています。

・外国人差別はやめるべし。外国人留学生は部屋を借りるのに、本当に苦労している。

また、意外と多かったのは、賃貸物件の契約時に連帯保証人や緊急連絡先を求められるという慣習に対する不満である。家族関係が希薄化する中、前近代的な慣習はやめてほしいという声が多かった。

・親を保証人にも緊急連絡先にも使えない。保証人は保証会社を使えばいいけど、緊急連絡先に身近な親族を求められても困る。知人の女性に母親のフリをしてもらって凌《しの》いでいる。本当は別の方法があるのかな。
•保証人・緊急連絡先の制度を禁止してください。保証会社を利用してもなお三親等以内の親族の緊急連絡先が必須。セーフティネットのはずの公営住宅ですら保証人が必須。家族がいない人間は、どんなに頑張って働いても貯金しても、家を借りることができない。こんな制度はおかしい。

この問題については、以下のような悲鳴に近い声も寄せられていた。

•生きる上で必要な住居なのに、審査とか保証人とか会社員じゃないと通りにくいとか、簡単に家に住めなくして……。何のための住居なんだ。金がないと社会的信用がないと、保証人がないと家借りれないいんじゃ、ほんとホームレスになるしかないし、絶望だよね。苦しいよね。
•どこも連帯保証人が必要だと言われます。普通に考えても40~50代にさしかかると親が亡くなってたり叔父叔母が亡くなってたりし始めるんですが、いなくなったら誰に保証人を頼めと?

住宅政策の研究者の間では、住まいの確保をめぐって、「アフォーダビリティ」（その世帯にとって適切な負担で適切な住宅に居住できること）と「アクセシビリティ」（アクセスのしやすさ）という二つの要素が重要だと言われている。

「#私の住宅要求」のキャンペーンは、現代の日本社会において、大都市部を中心に自分の収入に見合った「アフォーダブル」（手頃な）賃貸住宅が不足していることに加え、入居差別や保証人制度等により社会的に弱い立場の人が適切な物件に「アクセス」できなくなっている現状を明らかにした。

また本来、こうした人々へのセーフティネットであるべき公的住宅が機能していないことを指摘する声も多かった。公営住宅の入居時にも保証人を求める自治体が少なくないことへの疑問も出ていた。

・都営住宅などの公営住宅の入居基準を緩和して欲しい。
・団地は高齢化が問題になっているが、現役世代には、入居資格すら無いのだから、仕方がない。

・広島県から。公営住宅に入居するときに連帯保証人を二人つけろ、という条件は低収入の単身者には酷すぎる。

住宅政策を選挙の争点に

「#私の住宅要求」のハッシュタグが広がると、家主や不動産業者サイドからの発言も出てくるようになった。その中には悪意に満ちたものもあったが、賃借人と対話をしようという姿勢が見られる意見もあったので、以下に紹介しておきたい。

・連帯保証人が借主から不評なのはわかりますが、現在の借地借家法の元で滞納のリスクを考えると、性悪説で行くしかなく、貸主として保証なしはどうしても考えにくいです。入居者が滞納するかどうかは、事前には分からないですから。

・不動産業従事者としてこのタグについての私見を。「住まい」という人が生きる上で基本的なことに対して社会的によく分からないことが多いことが問題でありこうした運動で不動産にまつわる知識や見解が広がり深まるのは個人的にとても良いことだと思う。

日本では、家を借りている立場からの意見が社会に発信される機会は極めて少ないので、今回のキャンペーンは家主・不動産業者にも現状を知ってもらう良い機会になったのではないかと私は考えている。

「#私の住宅要求」キャンペーンの狙いは、参議院選挙に向けて住宅政策をめぐる議論を活性化させ、この問題を選挙の争点の一つに押し上げようというものであった。

2017年6月のイギリスの下院議員選挙では、苦戦と見られていたコービン党首率いる労働党が若者向け住宅政策の充実を訴えて支持を拡大し、躍進を果たした。欧米諸国では、住宅政策は選挙のたびに重要な争点になっている。

私たちの力不足もあり、2018年の参議院選挙で住宅政策が大きな争点になることはなかったが、ここ数年の各党の公約を見てみると、住宅政策に関する記載は徐々に増えている。野党を中心に「家賃補助制度の導入」を公約に入れる政党も増えてきている。

空き家を活用した住宅セーフティネット制度の限界が明らかになった今、さらに一歩踏み込んだ住宅政策が必要だという議論を広げていきたい。

第3章　最後のセーフティネットをめぐる攻防

「私は人間だ、犬ではない」

その映画は、心臓疾患を患う59歳の男性が傷病手当の受給を継続するにあたって、「就労可能かどうか」の審査を受けるシーンから始まる。

心臓発作を起こしたため、主治医から就労を止められていると説明する男性に対し、政府から委託を受けた「医療専門家」を名乗る担当者は、男性の言い分を聞かず、マニュアル通りの手順で質問を続ける。男性がいら立ち、無意味な質問を揶揄《やゆ》すると、その態度が影響したせいか、「就労可能」と判断され、その結果、手当の支給が停止されてしまう。

これは、イギリスの名匠、ケン・ローチ監督の映画『わたしは、ダニエル・ブレイク』の冒頭の場面である。緊縮財政のもと、生活困窮者を支えるべき福祉制度が非人間的なまでに官僚化していることを象徴的に表したシーンだ。

「就労可能」と判断されたダニエル・ブレイクは、やむをえず求職者向けの手当を申請するが、実際には身体的には働ける状態にないため、就労支援プログラムの参加を要求する行政との関係で苦境に立たされることになる。

冷徹な行政に追い詰められる中で、彼は声をあげる。

「私はダニエル・ブレイク。私は人間だ、犬ではない」と。

就労可能か不可能かという「線引き」

失業者を就労可能な者と就労不可能な者に分類して、前者には経済給付の見返りとして就労することを求めるシステムは、「ワークフェア」と呼ばれる。「ワークフェア（Workfare）」とは、就労（Work）と福祉（Welfare）を合わせて作られた用語で、イギリスではサッチャー政権期にアメリカの制度を参考にして導入された。

「国家財政が厳しい折、就労できる人にいつまでも福祉的な給付を受けさせるわけにはいかない」という考え方に基づくプログラムは、一見、合理的に見える。だが問題は、ある人が就労可能か不可能かという「線引き」の判断を誰がどのように行うのか、という点にある。

極論かもしれないが、政府が社会保障予算を削減したければ、「線引き」を厳しくすればよいことになる。ダニエル・ブレイクの悲劇は、この機械的な「線引き」から始まった。日本でもこの「線引き」が引き金になったのではないかと推測される悲劇が発生している。

〈新聞社・議員へ
立川市職員に生活保護者が殺された！
真相を追及して公開、処分してほしい
知り合いの○○が高松町3丁目のアパートで12月10日に自殺した
担当者の非情なやり方に命を絶ったよ
貧乏人は死ぬしかないのか
生活保護はなんなのか
担当者、上司、課長は何やっているのだ
殺人罪だ
平成27年12月　○○の知人〉
（○○には故人の名前が記されているが、伏せ字にした）

2015年12月31日、立川市の日本共産党市議団控室に、上記の内容の匿名ファクスが届いた。

ファクスの送り主はわからなかったが、立川市議会議員の上條彰一議員（日本共産党）が事実関係を調査したところ、同年12月10日に市内で生活保護を利用していた一人暮らしの40代男性（Aさん）が自宅のアパートの部屋で自殺していたことが判明し、立川市も自殺の事実を認めた。

立川市福祉事務所は、Aさんに対して求職活動を行うことを求めていたが、その指導に従わないという理由で、同年11月21日付でAさんを保護廃止処分にしていた。そして、彼の死の前日である12月9日に廃止の通知書をAさんに送付していた。

この経緯から、Aさんは保護廃止の通知書を受け取った直後、絶望して自殺に至ったのではないかと推察されている。

上條市議は立川市に対して事実関係を明らかにするように求めたが、市側は個人情報の保護を理由に応じなかった。

そこで、生活困窮者支援に関わる法律家や研究者、NPO関係者が中心になり、事件の真相究明を求めるための調査団を結成することになったのだ。

立川市生活保護廃止自殺事件調査団の結成

調査団は準備期間を経て、２０１７年４月、立川市生活保護廃止自殺事件調査団（共同代表：宇都宮健児弁護士、後藤道夫都留文科大学名誉教授）として正式に結成された。私も呼びかけ人の一人として調査団に参加することになった。

調査団の活動によって、Ａさんの足跡が少しずつ明らかになってきた。

Ａさんは、２０１４年７月に立川市で生活保護を申請したようである。路上生活をしていた彼は、市内の民間宿泊所に入所し、その年の12月には宿泊所からアパートに移っている。福祉事務所は、仕事に就くことを宿泊所からアパートに移るための条件としていたようなので、この時点ではＡさんは仕事に就いていたようだ。

だが事情はわからないが、Ａさんはその後、離職し、福祉事務所から再び仕事に就くことを求められるようになる。

立川市は内部における事業評価の一環として、就労支援による生活保護の廃止件数の目標値を設定していたことが判明している。２０１５年度の廃止目標数は20人である。Ａさんのように「就労可能」とみなされていた生活保護利用者は、目標のノルマ達成のために集中的な支援対象とされていた可能性が高い。

「路上生活歴」をどう受け止めるか

だが、Aさんが本当に「就労可能」な状態にあったかどうかは疑問が残る。

調査団はAさんの足跡を追う中で、かつて別の地域にいたAさんを支援したことのある民間団体のメンバーにつながることができた。

彼によると、Aさんは「死にたい」と口にすることもあり、うつ状態が疑われたとのことである。また、Aさんは高校卒業後、短期で仕事を転々とするという職歴を重ねており、路上生活をしていたこともあった。

一概には言えないが、私たち民間の支援者がこうした経緯を聞いて思い浮かべるのは、Aさんに精神疾患や軽度の知的障害、発達障害などがあった可能性である。

路上生活者の中には精神疾患を患っている人や知的障害、発達障害のある人、障害とは認定されないまでも健常者と障害者のボーダーライン上にいる人が多いことを経験的に知っているからである。

しかし、これらの事実を福祉事務所は全く別の意味で解釈していたようである。

上條市議は事件発覚直後、立川市の担当者と話し合いを行っている。その際、福祉事務所の担当者は、Aさんに路上生活歴があることに関連して、「保護を切っても何らかの形で生きていけるのではないかと思った」と発言していたそうである。

また、就労指導に従わなかったことを理由に生活保護を廃止したことについて、「懲らしめの意味で保護を切ったんですか？」と聞いたところ、「そうなんです」と認めたと言う。

これらの言葉から、福祉事務所はAさんに対して「働けるのに働こうとせず、役所の指示に従わない困った人」という認識を持っていたと推察される。

だが、私たちからすると、Aさんのような人は「本人も認識できていない障害や疾病が隠れている可能性があり、本人の気持ちに寄り添った丁寧な支援が必要な人」ということになる。

私には、福祉事務所がAさんを機械的に「就労可能」と分類して、マニュアル通りの就労指導を行ったことが彼を死に追いやったように思えてならない。

「その他の世帯」への支援をどうするか

Aさんの死は、生活保護の「その他の世帯」をめぐる議論とも関連している。

生活保護世帯は1995年以降、増加傾向にあるが、その中でも増加が最も問題視されたのは「その他の世帯」と言われる人々である。「その他の世帯」は、1995年には生活保護世帯の6・9%を占めるだけであったが、2015年には16・8%まで増加した。

「その他の世帯」とは、生活保護の世帯類型の一つで、「高齢者世帯」、「母子世帯」、「障害者世帯」、「傷病者世帯」のいずれにもあてはまらない世帯を指している。一般に、「その他の世帯」は「稼働能力」(働くことのできる能力)がある人々であるとされ、就労指導の対象とされることが多い。

「その他の世帯」の増加が顕著になった2010年に、政令指定都市の市長会が就労可能な生活保護利用者には保護の期間を限定する有期制を設けるべきだという提言を行っている。

だが私は、これまで多くの生活保護利用者と接してきた経験から、「その他の世帯」に分類されている人の中に、実際には「まだ障害や疾病が発見されていないだけ」という状態の人も少なくないと感じている。

特に精神疾患、知的障害、発達障害などの疾病や障害は、身体疾患と違って、本人も自覚していない場合が多く、自覚していても社会的な偏見を怖れて口に出せていない場合もあるからだ。

そのため、本来、福祉事務所のケースワーカーは、これらの疾病や障害に関する専門的な知見を持ち、本人も気づいていないような疾病や障害を発見した上で適切な支援に結び付けていくことが求められている。だが、そこまでのスキルを持つ職員は極めて少ないのが現状である。

「その他の世帯」で、スキルのないケースワーカーが担当になってしまった人は、機械的な就労指導を受けることになる。それが生活保護利用者の精神状態を悪化させている例を私は何度も見てきた。

悲劇を繰り返さないための取り組み

2019年3月、立川市生活保護廃止自殺事件調査団は81ページに及ぶ報告書を取りまとめ、立川市の副市長に提出した。報告書では「行き過ぎた就労指導や生活保護廃止によって自殺に追い込まれた可能性が高い」と結論づけており、改めて市の生活保護行政の改善を申し入れた。

立川市は生活保護廃止と自殺の因果関係を最後まで認めなかったが、同年1月にはホームレス支援に従事する精神科医の森川すいめいさんを講師にした研修会を実施し、軽度の障害や疾病について職員が学ぶ場を設定した。

また、生活保護を廃止にする際、対象者が相談できる民間の支援団体の連絡先を記した文書を配布するなど、一定の改善策が始まっている。

失われてしまった命は戻ってこないが、同様の悲劇が繰り返されることのないよう、立川市だけでなく各地の生活保護行政への働きかけを強めていきたい。

Aさんの悲劇は知人による告発により表面化したが、実際にはもっと多くの「ダニエル・ブレイクの悲劇」が日本国内にも存在しているのではないかと私は考えている。

いのちを支えるはずの社会保障制度が機能不全に陥り、生活困窮者が機械的に振り分けられる現状に対して、「私は人間だ、犬ではない」と声をあげたダニエル・ブレイク。日本のダニエル・ブレイクたちの声は私たちに届いているだろうか。

「保護なめんな」ジャンパーの衝撃

生活保護制度は、数ある社会保障制度の中でも「最後のセーフティネット」と呼ばれている。年金や医療保険などの他の制度を活用しても、それでもなお憲法に定められた「健康で文化的な最低限度の生活」を維持できなくなった人たちを最後の段階で支える役割を担っているからだ。

だが、この「最後のセーフティネット」を所管する福祉事務所の体質が問われる事件が頻発している。

2017年1月17日、神奈川県小田原市の福祉健康部長らが市役所内で開いた謝罪会見の内容は衝撃的であった。

部長らは、小田原市の生活保護担当職員が10年前から自腹で「保護なめんな」(ローマ字)、「SHAT」(生活保護・悪撲滅チームの略)、「我々は正義である」(英語)、「不当な利益を得るために我々をだまそうとするなら、あえて言おう。カスであると!」(英語)等と書かれたお揃いのジャンパーを作り、日常業務において着用していたことを公表。市は書かれた内容が「不適切だった」として、同日までにジャンパーの使用を禁止し、担当部長ら7人を厳重注意処分とした。

また、その後の市の調査で、ジャンパー以外にも「SHAT」等と書かれたTシャツ、マグカップ、ペン等が製作され、職員間で売買されていたことが確認されている。

小田原市の職員は生活保護世帯の家庭訪問を行なう際にジャンパーを着用することがあ

ったそうである。他の自治体の福祉事務所職員に聞くと、通常、家庭訪問に際しては生活保護の担当者が訪問していると近所の人に気づかれないよう、細心の注意を払っており、乗っていく自転車にも役所の名前は書かないようにしているという。お揃いのジャンパーを着て訪問をするという行為がいかに配慮に欠けているかがわかる。

市の説明によると、10年の間にこのジャンパーに関する市民からの苦情は1件もなかったそうだが、生活保護の利用者は気づいていても、担当者が怖くて言えなかったのではないかと、私は推察している。

小田原市はジャンパーが作られるようになった経緯を以下のように説明している。

2007年7月、同市の福祉事務所において生活保護の元利用者が職員に切りつけ、逮捕されるという傷害事件が発生した。元利用者は行方不明で保護が廃止になっていたが、本人は廃止されたことを知らず、保護費の支給日になっても支給がなかったため、市役所を訪れて、その場で廃止を知り、事件を起こしたという。

この事件に加え、日常からの業務量の多さも重なり、職員のモチベーションが低下したことを危惧した当時の係長が、不正受給を許さないというメッセージを盛り込みつつ、職員の連帯感を高揚させるために自費でジャンパーを作成することを提案。その後10年間にわたり、職場の伝統のように受け継がれてきたという。

検証委員会に当事者が入った意義

このジャンパー問題が発覚してからの小田原市の対応は早かった。

1月20日、加藤憲一市長は市のホームページに「生活保護における不適切な行為についてのお詫び」と題した文書を公開。この中で市長は「生活保護制度を利用する権利を抑制することにつながるのではないかという当たり前の感覚が欠如していた」との反省に立って、今後は研修体制を強化し、貧困対策に力を入れていくという方針を示した。

1月24日、全国の法律家、研究者、生活保護の利用当事者やNPO関係者らでつくる「生活保護問題対策全国会議」は、小田原市役所を訪問し、担当部長らに申し入れを行なった。私もその申し入れに参加したが、その場で私たちは問題の原因究明と再発防止のため、有識者による検証委員会を設置することを提案。その委員会には生活保護に詳しい専門家だけでなく、生活保護の利用当事者も入れることを要請した。

小田原市は同年2月に「生活保護行政のあり方検討会」(座長：井手英策慶應義塾大学経済学部教授)を発足させたが、その委員会では生活保護利用者の権利擁護に取り組んできた森川清弁護士と共に、生活保護の元利用当事者である和久井みちるさんも委員として任命された。

和久井さんは夫によるドメスティックバイオレンス（ＤＶ）から逃れた後、うつ病で働けない状態になったため、２００7年から約3年半、生活保護を利用したという経験を持っている。

現在は民間団体の相談員として働きながら、生活保護を利用する当事者の立場から社会への発信や行政に対する働きかけを行なっている。２０１2年には、「生活保護利用者のありのままの日常を知ってもらいたい」という思いから、自らの経験をもとに『生活保護とあたし』（あけび書房）という書籍を出版した。

和久井さんにジャンパー問題が発覚した時の第一印象を聞くと、「やっぱり」という思いがあったという。それは、これまで多くのケースワーカーと接する中で、生活保護を利用する当事者の状況を理解している人は少ないと感じていたからだそうだ。しかし、「保護なめんな」という言葉を形として身にまとっていたことには驚きがあったという。

「検討会では、ジャンパーを作ることになった背景をお聞きすることができましたが、端的に言えば、根っこにあったのは恐怖感だったと思います」と和久井さんは指摘する。

検討会では、傷害事件の発端になった保護廃止の手続き自体に問題があったという指摘が相次ぎ、検討会がまとめた報告書においても職員が制度に関する正確な知識を持っていれば、保護廃止という決定はなされず、事件自体を防げたかもしれないという記述が盛り込まれた。

「自分たちが間違えたために起きたことなのに、やられたことで被害者意識を強烈に持ってしまった。刃物に怯《おび》えた自分達の怖さを覆い隠す、虚勢を張るための道具としてのジャンパーだったのでしょうね。当時は役所の他の部署からもなんの助けもなく労りもなく無関心な中で、自分たちだけで乗り切ろうとした。事の発端から間違っているのだけど、間違った状態を歪んだ状態で乗り切ろうとしたということなのかなと思います」と和久井さんは見ている。

和久井さんが検討会の委員になったことは、関係者の間で大きな話題になった。障害者福祉の分野では、「私たちのことを私たち抜きで決めないで」という障害者運動のスローガンが定着し、国や自治体の審議会においても当事者が委員として選ばれる機会が増えているが、生活保護の分野において制度の利用当事者が政策形成に参画する機会はこれまでなかったからである。

和久井さん自身も委員を引き受けた時点では、「当事者を中に入れろ」とずっと言ってきた経緯から、声が掛かったら引き受けなくてはいけないという気持ちがあったという。だが、委員に就任してからは、組織の代表ではない一個人としての自分が生活保護利用者の代表と見られることに葛藤があったそうだ。

そんな中、検討会の第二回会合では「保護のしおり」の内容が議論になった。「保護のしおり」とは職員が市民に生活保護制度の概要を説明する時に使うパンフレットである。「『保護のしおり』は検討会で初めて配られて目にしました。初めて目にして読んだ瞬間に『なんだこれ!』という気持ちが自分の中に湧き上がって、そのままシンプルに『え、こんなのもらったら、死んじゃいますよ』って言葉が口を出ちゃいました」

市が配布した「保護のしおり」は字が小さくてわかりにくい上、「仕送り等援助が受けられるよう親族との良好な関係を築いてください」といった記述があった。検討会の議事録には、「当事者からするとそれができずに、親族にも頼れなくてボロボロになってたどり着くのが生活保護なので、『これをしないと生活保護は受けられません』というトーンの方が強かったら絶望するしかない。小田原の美しい海に飛び込んでしまったらしんどいと思う」という和久井さんの発言が残されている。

こうした議論の結果、小田原市の「保護のしおり」は全面的に改訂されることになった。報告書には「利用者の視点に立った制度説明や援助に向け、保護のしおりを市民に分かりやすく自尊感情を傷つけない表記に見直す」との内容が盛り込まれた。

「生活保護行政のあり方検討会」は、4月6日に「開かれた生活保護行政」を実現するための改善策をとりまとめた報告書を発表。4月30日には市の主催により「小田原市生活保護行政のあり方シンポジウム」が開催され、約350人が集まった。

報告書の改善策は以下の五つのポイントにまとめられていた。

①援助の専門性を高める研修や連携による学びの場の質的転換
②利用者の視点に立った生活保護業務の見直し
③利用者に寄り添い、ケースワーカーが職務に専念できる体制づくり
④「自立」の概念を広げ、組織目標として自立支援の取組を掲げる
⑤市民にひらかれた生活保護を実現する

このうち、研修・連携については、社会福祉学を専門とする研究者による全ケースワー

カー対象の研修が定期的に実施されている。また、法的支援に関して神奈川県弁護士会との連携も進んでおり、関係各機関と連携した事例検討会も定期的に開催されている。

業務の見直しについては、プライバシーに配慮したカウンターの間仕切りが設置され、当事者の声を聞くための「ご意見箱」も設置された。また、申請から決定までの期間の短縮、ケースワーカーの増員、女性職員の配置、生活保護利用世帯向けに生活支援課の職員が分担して執筆する「支援課通信」の発行なども行われている。

「生活保護受給者」から「生活保護利用者」へ

また、庁内での議論を経て、小田原市役所では「生活保護受給者」ではなく、「生活保護利用者」という用語を使うとの呼称変更が行われた。「生活保護利用者」という言葉は、ともすれば、受け身的に聞こえる「受給」という言葉ではなく、権利として制度を「利用」している人たちである、という認識の変化を促すために、私たち運動関係者が使い始めた言葉であり、行政が公式に「生活保護利用者」という言葉を用いたのは、小田原市が初めてである。

さらには、2018年3月から4月にかけて小田原市は、市民1万人を対象に「生活保護・生活支援施策改善のためのアンケート調査」を実施し、同年の10月から12月にかけては「生活保護利用者アンケート調査」を実施した。特に後者は、市内で生活保護を利用する全世帯にアンケート用紙を配布して、市の生活保護行政改善の取り組みに関する意見を募るという前例のない取り組みで、当事者の声を反映させて改革を進めるという小田原市の姿勢を象徴したものであると私は評価している。

こうした改革が始まって1年が経過した2018年4月には、検討会の委員が再び集まり、市民も傍聴できる形で改革の進捗状況を検証する「生活保護行政に関する検証会」が開催された。

こうした検討会の運営方法について、和久井さんは「やはり、クローズなところでは本当の膿《うみ》は出ない。開かれた場で議論することが大切」と述べた上で、「『保護なめんな』ジャンパー問題は生活保護に関わりのない人もみんな知っているけど、そのあとに抜本的な改革があったことはほとんど知られていない。改革のプロセスこそが共有されるべきで、そこをどう社会で共有し、全国の生活保護行政の現場に広めて、落とし込んでいけるかが課題です」と語っている。

小田原市だけの問題なのか？

このように小田原市は生活保護行政の信頼回復に努めているが、今回のジャンパー問題の根っこにある「生活困窮者の支援ではなく、不正受給対策を最優先にする」姿勢は、他の自治体にも共通する問題なのではないかと私は考えている。

ジャンパー問題が発覚した当初、私と一緒に小田原市への申し入れに参加した田川英信さんは、東京都内の福祉事務所でケースワーカー、査察指導員（係長）として長く働いてきた経歴を持っている。

申し入れ後の記者会見の場で、田川さんは「小田原市だけの問題ではなく、全国どこで起きてもおかしくない問題だ」と指摘し、他の自治体の福祉事務所職員も「見えないジャンパー」を着用して、利用者に対して「上から目線」で接しているのではないかと問題提起した。

私自身も、生活保護を利用している人たちから「担当ケースワーカーに暴言を言われた」、「何も悪いことをしていないのに不正受給を疑われる」という相談を受けることが多く、「見えないジャンパー」という指摘には首肯するばかりである。

多くの識者が指摘しているように、不正受給は近年、税務調査の徹底により増加傾向にあるものの、全体の0・5％以下（金額ベース）にしか過ぎない。しかも、件数の半分以上を占めるのは、稼働収入の無申告と過少申告であり、中には高校生のアルバイトの申告漏れ等、必ずしも悪質と言えないケースも含まれている。

不正受給より「受給漏れ」の方が深刻

生活困窮者支援の現場で働く者として、声を大にして言いたいのは、不正受給よりも「受給漏れ」（漏給）の方がはるかに深刻な問題である、ということである。

生活保護の捕捉率（制度を利用する資格のある人のうち、実際に利用できている人の割合）は2〜3割だと言われている。現在、生活保護を利用している約207万人（2019年10月時点）の背景には、700万〜800万人が生活保護基準以下の生活であるにもかかわらず、制度を利用できていない実態があると推察される。

生活保護行政が生存権の保障という本来の任務に立ち戻るならば、最優先で実施すべきことは不正受給対策ではなく、漏給対策であることは明白であろう。

しかし、ここ数年、「不正受給対策」を名目に、生活保護の利用者の暮らしを隅々まで監視していこうという動きが全国各地に広がっている。監視の対象とする行為も不正受給だけでなく、ギャンブルなどの合法的な行為にまで及びつつあり、地域住民の「密告」を奨励する自治体も出てきている。

・2011年、寝屋川市が不正受給に関する情報等を市民から募る「生活保護適正化ホットライン」を設置。
・2013年、兵庫県小野市で「福祉給付制度適正化条例」が施行される。不正受給のみならず、福祉制度により「給付された金銭をパチンコ、競輪、競馬その他の遊技、遊興、賭博等に費消」する行為を見かけたら、市役所に通報することを市民の責務として定める。
・2014年、大阪市がプリペイドカードで保護費を支給するモデル事業を実施。1年後、利用が65世帯にとどまったため、本格導入は断念。
・2016年、別府市と中津市が「パチンコ店に出入りしていた受給者の保護停止」を実施していたことが問題になり、国と県の指導により、今後行なわないと表明。

また近年、生活保護の面談を行なう相談室等に防犯カメラを設置する自治体も増えている。朝日新聞（2019年12月2日付・名古屋本社版）の調査報道によると、「大阪市は24区役所のうち18区役所で生活保護の相談のための面談室などに設置。福岡市は4月、7区役所にある計47の面談室のうち、10室に付けた。東京都は足立区が23ある面談室のうち21室に付けているほか、複数の区が窓口カウンターや待合室周辺に設置。三重県伊賀市も面談室2部屋など計4カ所に付けている」という。

これらは一部の突出した自治体の「勇み足」のように思われるかもしれないが、厚生労働省自身、2012年3月、国の補助金を活用して、警察官OBの福祉事務所での配置を積極的に進めるよう、各自治体の担当者に指示している。「見えないジャンパー」の着用を国が積極的に進めているのだ。

小田原市のジャンパー問題があぶり出した生活保護行政の本末転倒ぶりは、決して一自治体だけの問題ではない。この国の福祉行政のあり方そのものが問われているのだ。

自民党の公約実現のための生活保護基準引き下げ

生活保護制度に対する国の冷たい姿勢は、生活保護基準の見直しに関しても貫かれている。

2013年1月27日、厚生労働省は生活保護の生活費部分にあたる生活扶助基準の引き下げを発表し、1月29日に引き下げが閣議決定された。その内容は、2013年8月から3年間かけて、段階的に生活扶助費を約740億円（国費ベース、約7・3％）削減するというもので、全体の96％の世帯が引き下げの対象とされていた。引き下げ幅は世帯によって異なるが、最も引き下げ幅の大きい「夫婦2人と子どもが2人いる世帯」では10％の減額となった。

生活扶助の基準は、5年に1度、有識者からなる社会保障審議会生活保護基準部会（以下、基準部会と略す）の議論を踏まえて、見直しが行われる。2013年度からの引き下げも、同年1月18日に発表された基準部会の報告書を踏まえて基準を見直す、という形式を取っていたものの、報告書が発表される前から厚生労働大臣は引き下げの方針を明言していた。2012年12月16日の衆議院総選挙で圧勝し、政権に復帰した自民党が「生活保護費の給付水準の一割カット」を政権公約にしていたからである。

2012年12月26日に発足した第二次安倍内閣において厚生労働大臣に就任した田村憲久氏は、翌27日、厚生労働省内での初の記者会見において生活保護基準について記者から問われ、「下げないということはないと思います」と明言した。

さらにその翌日の28日には、「一割カット」の公約と基準部会における専門家の議論との整合性を問われ、「基準部会の一つの結論というものは重きは置かなければならないと思います。一割をなぜ言っているかというと、これは、一方で我々が戦った政権公約の中の一つのお約束と言いますか、打ち出したことでありますから、これは当然自民党から選出をされた大臣としては、ある程度の制約は受けると思います」と答えている。

前述のように、この時点で、まだ基準部会は報告書を発表していなかった。また、その翌月に発表された報告書も引き下げを容認する内容になっていなかった。だが田村厚労相は、報告書を見る前の段階で「引き下げありき」のレールを敷いてしまったのである。

「ここから下は貧困」と定めるライン

生活保護の基準は生活保護法第8条1項において、厚生労働大臣が定めるとされている。そのため、読者の中には、その時々の大臣が政治的な判断によって生活保護基準を変動させて、何が悪いのか、と考える人もいるかもしれない。

だが、人々が生活に困窮した際の「最後のセーフティネット」である生活保護の基準は、「社会保障の岩盤」とも呼ばれ、他の貧困対策の対象範囲を決める際の参照基準ともなっている。例えば、貧困家庭の子どもへの学用品代や修学旅行費などの補助として、地方自治体によって支給されている就学援助の所得制限の基準は、生活保護基準の1・0倍から1・3倍に設定されている地域が多い。これは、生活保護基準が「ここから下になったら、国による支援を必要とする貧困状態である」という一線を指し示す「貧困ライン」でもあるからだ。

時の政権や政治状況によって「貧困ライン」が変動すると、○○党政権において「支援すべき貧困状態にある」とされた人が、××党政権に政権交代したら支援対象から外れてしまうということが起こってしまう。

憲法25条には「すべて国民は、健康で文化的な最低限度の生活を営む権利を有する」という生存権規定があるが、「健康で文化的な最低限度の生活」をおくるためには当然、一定程度の経済力が必要になる。その境目を決めるラインを政権が勝手に動かせることができてしまえば、いくらでも解釈改憲が可能になってしまう。そのため、生活保護の基準は専門家の議論を踏まえて決めることになっているのだ。

その意味で、2013年1月の田村厚労相による生活保護基準の引き下げ決定は、政治によって行政が歪められた例であると言えるだろう。

だが、ここで厚生労働省の官僚を悩ませたのは、「政治的な意図に基づく引き下げであったとしても、科学的な客観データに基づくものであるという体裁を整えなければならない」という点である。

そこで、苦肉の策として編み出されたのが「デフレ調整」である。これは、近年の物価下落を考慮して基準を下げるという論法である。

しかし、「デフレ調整」は、有識者の審議会である生活保護基準部会では全く議論されていなかった論点であり、部会の報告書が出た後に厚労省の事務方が付け足した論点であった。

厚生労働官僚はどのように痕跡をもみ消したのか

私は2012年12月から翌年1月にかけて、厚生労働省の生活保護基準を算定する官僚たちの間で、以下のようなやりとりがあったのではないかと想像している。

官僚A：「生活保護費の給付水準の一割カット」を掲げた自民党が選挙で大勝したので、生活保護基準を引き下げなければならなくなった。どのように引き下げるか、検討してくれ。
官僚B：でもまだ生活保護基準部会の結論も出ていないのですよ。基準部会の議論を無視して、カットしろと言うのですか。
A：基準部会の報告書をスルーして、政治的な理由で基準を下げた、というのがバレバレになるのは非常にまずい。タテマエ上は基準部会の報告書を踏まえた形にして、自民党の顔も立てる方法を考えてくれ。
B：そんなの、逆立ちしても無理ですよ。
A：そこを考えるのが、官僚の腕の見せ所だ。一律の一割カットは無理だろうから、自民党には最大で一割カットになる世帯が出れば、それで勘弁してもらうようにしよう。デフレで物価が下がっているのを口実にして、全体で6〜7%のカットにできないか。ほら、2011年に地デジ移行が完了して、薄型テレビの価格が下落しただろう。それで物価が下がったじゃないか。
B：薄型テレビやパソコンの価格が下がっても、そんな高価な物が買えない生活保護世帯には関係ないと思いますが、それでもいいんですか？　しかも、安倍政権はこれからアベノミクスで物価を上げると言っているのですよね？　そんな時に過去数年のデフレ分の調整で基準を下げるという理屈が通用しますかね？

Ａ：そんなのは構わん！　とにかく辻褄を合わせるんだ。

Ｂ：総務省が発表している消費者物価指数をもとに計算をしてみましたが、せいぜい２～３％のカットが関の山です。

Ａ：じゃあ、総務省とは別の厚生労働省独自の物価指数の指標を作るんだ。

Ｂ：そんなことして、後で問題にならないのですか。宮仕えはつらすぎる……。

以上は、完全に私の創作だが、似たようなやりとりが厚生労働省内であったのではないかと推察している。

２０１３年1月27日に発表された生活保護基準の見直しでは、３年かけて計７４０億円の予算を削るという内容になっていたが、その金額の内訳は以下のとおりであった。

- 基準部会の検証結果を踏まえた削減：90億円
- ２００８年以降の物価動向を勘案した削減（デフレ調整）：５８０億円
- 年末年始の出費に対応する期末一時扶助の削減：70億円

この内訳を見ると、基準部会の報告書だけでは大幅な削減ができないと考えた厚生労働官僚が報告書の検証結果に上書きする形で、「デフレ調整」を名目にした一律の引き下げを行ったというのは、誰の目にも明らかであった。

「デフレ調整」分は、マイナス4・78％とされていた。その算定にあたって、厚生労働省は「生活扶助相当CPI」という独自の指標を開発していたが、その算定方法には統計学の専門家からも疑問の声があがっている。

田村厚労相が先に示した「引き下げありき」の方針に従うために、無理に無理を重ねた結果、科学的データに基づく専門家の部会の議論は、ほぼスルーされたのである。

自分たちの議論の蓄積を無視された形になった基準部会の委員からは疑問の声があがっていた。そして、それは裁判の場でクライマックスを迎えることになった。

2013年からの生活保護基準引き下げに対して、私たちは全国の生活保護利用者に行政不服審査制度に基づく不服審査請求を呼びかけた。この不服審査請求運動に参加した生活保護世帯は全国で1万を越えた。不服審査自体は却下されたものの、不服審査請求運動に参加した人のうち約1000人は、引き下げの違憲性を問う民事訴訟に移行。現在、全国29の都道府県で裁判が進行している。

この裁判は「いのちのとりで裁判」と名付けられ、全国各地の裁判を応援するため、「いのちのとりで裁判全国アクション」というネットワークが作られた。私は同アクションの共同代表を務めている。

「いのちのとりで裁判」の中で、最も進行が早いのは名古屋地裁での訴訟である。

2019年10月、その名古屋地裁において、注目すべき証人尋問が行われた。2013年の引き下げ当時、生活保護基準部会の部会長代理で、報告書の実質的な取りまとめ役であった岩田正美・日本女子大学名誉教授が原告側の証人として証言台に立ったのである。

岩田氏は証人尋問で「デフレ調整」について問われ、「議論もしていないわけだから、容認などはしていない」と証言。生活保護基準引き下げという政治の方針に沿う形で基準部会の議論が利用されたことについて、「日本にとってよくない。振り返ればじくじたる思い」と述べた。国の審議会のトップを務めた人物が、国を訴えた訴訟で原告側に立った証言をすることは極めて異例と言えるが、岩田氏の研究者としての良心に沿った行動に敬意を表したい。

また、同じ日に証言した元中日新聞編集委員の白井康彦氏は「デフレ調整」に際して厚労省が用いた計算式が統計学の常識から外れたものであったことを指摘。意図的に引き下げ幅を大きくする「物価偽装」であったと批判した。

名古屋地裁の判決は、2020年6月に示される見通しである。

再度の生活保護基準引き下げ

生活保護の基準は5年に一度、見直しが実施されることになっている。

2013年から5年が経過した2018年にも、前回ほどではないものの国費ベースで約160億円削減（約1・8％）という再度の引き下げが実施された。

その根拠とされたのが、一般低所得世帯の消費支出との比較である。

生活保護基準部会が2017年12月14日に公表した報告書には、現在の生活扶助の基準と所得階層の最も低い10％の一般低所得世帯の消費支出を比較し、その差が最大で13・7％にのぼっているとの内容が盛り込まれていた。今回はこの記述をもとに引き下げが行われたのである。

2017年12月15日、私は、「いのちのとりで裁判全国アクション」のメンバーや生活保護の利用当事者らと共に、厚生労働省に赴き、再度の引き下げに反対する署名を提出。

厚労省記者クラブで記者会見を行なった。

私は、記者会見の場で、「下位10％の一般低所得世帯との比較」という手法は「悪魔のカラクリ」であると批判した。また、記者とのやりとりの中で、「生活保護基準の引き下げは、失政の責任を貧困層に転嫁するもの」と発言した。なぜそう言えるのか、を以下に詳しく説明したい。

下位10％の一般低所得世帯の消費支出と比較して、生活保護基準が相対的に「高い」から基準の方を下げる、という論理は、おそらく一般の人々の心情に合致するものであろう。ネット上でも、反対の声がある一方、「下げて当然」という意見も多数見られる。

だが、生活保護基準とは、私たちの社会で「健康で文化的な最低限度の生活」（憲法25条）を送るために、「これ以下の貧困はあってはならない」という最低ラインを定めた基準である。

「一般低所得世帯の消費支出が生活保護基準を下回る」というデータから私たちが読み取り、考えなければならないのは、「なぜ、最低ラインを下回る貧困が放置されているのか」という点ではないだろうか。

この点について、記者会見で発言をした生活保護利用者の女性も、「自分自身の生活も苦しいが、同時に厚生労働省に問いたいのは、最低限度の生活に必要な支出すらできない状態にある人々がいることを把握しながら何もしないのか、ということ。賃金を上げる、生活保障を拡充するなどするべきではないでしょうか」と発言していた。

なぜ、一般低所得世帯の生活がこんなに苦しいのか。私はそこに三つの「政治の失敗」があると考えている。

一つ目は、アベノミクスの失敗である。

一般低所得世帯の消費支出が生活保護基準を上回ることもできないほどに低迷している、という事実は、アベノミクスによりトリクルダウン（富める者が富めば、貧しい者にも自然に富が滴《したた》り落ちるという経済理論）が起きなかった、ということの証左に他ならない。

アベノミクスは多くの人々の期待を集めてきたが、少なくとも下の10％の人々の貧困を改善するには役に立たなかったということだ。

二つ目は、年金政策の失敗である。

日本政府は国連の社会権規約委員会から繰り返し「貧困を削減するために最低保障年金の導入が必要である」という趣旨の勧告を受けながらも、その勧告を無視してきた。近年、「下流老人」と言われる生活保護基準以下や生活保護と同程度の生活水準で暮らさざるをえない高齢者は増加し続けており、すでに生活保護世帯の過半数は高齢者世帯になっている。下位10％の一般低所得世帯の中には、こうした低年金高齢者が多数含まれており、その人たちの消費行動は停滞しがちだ。

三つ目は、生活保護行政の失敗である。

基準部会の議論の中でも、下位10％の一般低所得世帯には、生活保護を利用する要件を持ちながら利用できていない「受給漏れ」状態の人が多数含まれていることが指摘されてきた。

前述したように生活保護の捕捉率は2〜3割と考えられている。現在の利用者の背後に数百万人の単位で、「受給漏れ」状態の貧困層が存在しているのだ。

捕捉率が低い背景には、いまだになくならない行政の「水際作戦」（役所の窓口で相談に来た人を追い返すこと）や、行政の広報の不足、制度や利用者に対する誤解や偏見といった問題がある。

また、現在の生活保護制度は資産の要件が厳しすぎるため、「車がないと仕事に就くことができない地方に暮らすシングルマザー」や「自分の葬式費用を貯金している低年金の高齢者」といった人たちが制度から排除される傾向にある。この潜在的な「受給漏れ」層の存在も忘れてはならない。

本来、生活保護基準は、この「受給漏れ」問題とセットで議論されなければならない問題である。生活保護を利用できない低所得者の暮らしが生活保護基準を下回るものになるのは、ある意味、当たり前だからである。

私は署名を提出した際に対応した厚生労働省社会・援護局の保護課課長補佐に、この点を問いただした。それに対して、課長補佐は捕捉率に関する統計データには、信頼性に疑問があると発言をした。

そうであるならば、なぜ厚労省は率先して、捕捉率の調査に乗り出さないのだろうか。「健康で文化的な最低限度の生活」を全ての人に保障するという国の責務を放棄しているようにしか、私には見えない。

「貧困スパイラル」という「悪魔のカラクリ」

このように、厚生労働省が引き下げの根拠としている「一般低所得者世帯の消費支出が生活保護基準を下回る」という状況は、三つの「政治の失敗」によりもたらされたものである。

そして、生活保護基準は他の低所得者対策の制度とも連動をしているので、その基準が下がれば、低所得世帯の子どものために支給されている就学援助など他の制度も所得制限基準が上がるなどして利用しづらくなる。

他制度への波及は、「一般低所得世帯」の生活をさらに悪化させるものである。その影響で、下位10％の人たちの生活がさらに苦しくなれば、その事実をもとにさらに生活保護基準を下げることが可能になる。

これは「貧困スパイラル」と言われている現象である。

私が「悪魔のカラクリ」と呼んでいるのは、この点である。「貧困スパイラル」では、政府が社会保障費を削減したければ、さらに「政治の失敗」を重ね、下位10％の低所得世帯の生活を悪化させればよいことになる。貧困が深刻化すればするほど、生活保護基準を下げ、予算を削減できるからだ。

極論を言えば、貧困が極限まで深刻化し、国民の10％が飢えに苦しむ状態にまでなってしまえば、それとの比較で、生活保護基準をゼロに近づけることまで可能になるのだ。

「健康で文化的な生活」とは？

私たちの反対の声を無視する形で、2018年10月、再度の生活保護基準の引き下げが実行された。

それに先立つ9月14日、厚労省の記者クラブで基準引き下げに抗議する記者会見が開かれ、私も参加した。

記者会見では東京都内在住の70歳の男性が生活保護を利用する当事者として発言を行った。彼は引き下げの影響により、夏の暑さへの対応と人間関係の維持に苦労していると語った。

「今年は猛暑で、クーラーを使わざるを得ませんでした。クーラーはもともと部屋に設置してあったので、それを使っていますが、電気代は自分で出すしかありません。冬に支給される冬季加算と同じように、夏季加算も必要です。クーラーの電気代くらいはみてほしいと思っています」

「一番困っているのは人の付き合いです。友達と食事に行くことができなくなりました。年に一回や二回は友人と付き合いたいと思っていましたが、それもできない。友達がいなくなりました」

「次に困るのが冠婚葬祭です。父親はすでに亡くなっていますが、法事などがあっても交通費がかかるので、行くことができません。私は長男だが、できないので自分の弟に任せており、親戚とはほとんど付き合っていません。まわりでは、『生活保護を受けている奴は悪だ。脱落した人だ』という雰囲気になってしまっています」

この男性は「衣食」については、やりくりをして何とかなっていると語っていたが、友人や親戚との付き合いを断ち切らないといけないような生活が「健康」で「文化的」な生活と言えるのか、という点は問われなければならないだろう。

生活保護基準と年金額の比較は無意味

これまで見てきたように、第二次安倍政権になって生活保護基準は二回引き下げられたが、実際の金額はどのように変わったのだろうか。

以下は東京23区など大都市部の生活扶助基準の推移を示した**表**である。

前回の引き下げは2013年から3年間にかけて段階的に実施されたが、2014年の消費税率引き上げ（5％から8％へ）では過去の例にならって生活扶助基準も一律2・9％増額されている（引き下げた上で、消費税分を引き上げた）。2012年と2015年の数字を比較して、引き下げ幅が小幅に見えるのはそのためだが、物価上昇分を踏まえると、実際の家計に与えている影響は大きい。2019年の消費税率引き上げでも同様の措置が

生活扶助基準の推移（1級地1、各種加算あり）	2004年	2012年	2015年	2020年	減額金額（円）	減額割合（%）
夫婦子2人世帯（40代夫婦、小中学生）		220,050	205,270	196,010	24,040	10.9
母子世帯（40代母、小中学生）		212,720	199,840	190,490	22,230	10.5
高齢単身世帯（75歳）	93,850	75,770	74,630	70,900	22,950	24.5

生活扶助基準の推移（日本弁護士連合会の資料より）

取られた。

安倍政権が発足する2012年までの基準はほぼ横ばいであったが、70歳以上の高齢者にはかつて月1万数千円の老齢加算が上乗せ支給されていた。老齢加算は、高齢者の特別なニーズに対応するもので、具体的には「そしゃく力が弱いため、他の年齢層に比し消化吸収がよく良質な食品を必要」とすること、「肉体的条件から暖房費、被服費、保健衛生費等に特別な配慮を必要」とすること、「近隣、知人、親戚等への訪問や墓参等の社会的費用が他の年齢層に比し余分に必要」とすることといった事情を踏まえたものである。

しかし2003年、厚生労働省は小泉政権のもとで「70歳以上の人を60〜69歳の人と比べても老齢加算に相当するだけの特別な需要があるとは認められない」として老齢加算の廃止を決定。2004年から3年間かけて加算を段階的に廃止した。

そのため、この表では高齢単身世帯のみ2004年との基準の比較を行っているが、75歳の単身者では実に2004年から2020年にかけて、実に24・5%もの大幅減額が行われることになる。

読者の中には、2020年段階での高齢単身世帯の生活扶助基準の金額（7万900円）を見て、それでも国民年金（老齢基礎年金）の満額支給額（月約6万5000円）よりも高いのはおかしいと感じる人もいるかもしれない。こうした「世論」からの引き下げ圧力が生活保護基準の引き下げ、特に高齢者の基準の引き下げの「追い風」になっているのは事実だろう。

私はこの間の高齢者世帯を狙い撃ちするような一連の引き下げは、生活保護世帯のうち高齢者世帯の割合が過半数を突破し、年々、増加傾向にあるという状況を受け、将来にわたって生活保護費を抑制していくために、厚生労働省が引き下げ世論を悪用しているように思えてならない。

私が強調したいのは、生活保護と年金は制度の趣旨が違うため、単純な金額の比較には意味がないということだ。年金額が低く、活用できる資産がなければ、誰であっても生活保護を利用し、年金額と生活保護基準の差額を支給してもらうことが可能だからだ。

生活保護基準は「最低生活費」とも言われる通り、この社会で「健康で文化的な最低限度の生活」を営むためのボトムラインを示した金額である。この基準は現在、生活保護を利用している人の既得権を示す金額と見られがちだが、実際にはそのラインに達していない年金生活者やワーキングプアの人も含め、すべての人の生活水準を下支えする役割を果たしている。その点を広く伝えていきたい。

生活保護法から生活保障法へ

本章では、貧困対策の要である「最後のセーフティネット」をめぐる攻防について見てきた。

最後に、この制度をより使いやすくするためにどうすればよいのかを考えていきたい。

日本弁護士連合会は、2019年2月、生活保護法改正要綱案（改訂版）を公表し、厚生労働大臣、衆議院議長、参議院議長及び各政党代表者に提出した。

要綱案は、

①権利性の明確化

②水際作戦を不可能にする制度的保障
③保護基準の決定に対する民主的コントロール
④一歩手前の生活困窮層に対する積極的な支援の実現
⑤ケースワーカーの増員と専門性の確保
という5本の柱から成り立っている。

権利性を明確にするために、法律の名称そのものを変更するという提案も盛り込まれている。「生活保護法」の「保護」という名称が恩恵であるといった誤解を招きやすいことから、権利性を明確にした「生活保障法」という名称への変更を提案しているのだ。

また、国が捕捉率を調査し、向上させる義務を負うこと、国や自治体が制度の周知や利用者に対する偏見及び差別を解消するための啓発・教育に努めること、基準の見直しは国会において透明かつ再検証可能な方法で行なうこと等が提案されている。

このように日弁連の改正案は「最後のセーフティネット」としての機能を強化する内容になっているが、同時にこの制度を「一歩手前の生活困窮層」にも活用できるものにしていこうという提案も盛り込まれている。

現行の生活保護制度は、生活費、住宅費、教育費などに充てる保護費がパッケージとして支給される仕組みになっており、基本的に一部のメニューのみを利用することができない構造になっている。

この「オール・オア・ナッシング」方式を改め、住宅、教育、医療、自立支援の各支援メニューについては、世帯収入が生活保護基準より少し上の層（基準の1・3倍まで）にも利用できるようにしよう、という提案である。

第2章で私は住宅支援を拡充する必要性を述べたが、この方式も実質的な家賃補助制度の創設につながるものだと評価している。

野党を中心に国会議員からも日弁連の提案に賛同する声が出てきている。実現に向けたハードルは高いだろうが、誰もが安心して暮らせる社会を作るためにはセーフティネットの拡充が必要だということを訴えていきたい。

第4章　見えなくさせられた人たちとつながる

本書では、「見えない」存在にされている人たち、社会的に排除されている人たちの側に立って、現代の日本社会に広がる貧困の実情を見てきた。

近年、さまざまなツールを使って、生活に困窮し、孤立する人々とつながろうとする民間団体の活動が活発になってきた。本章では、民間団体がどのように貧困や社会的排除に立ち向かおうとしているのか、見ていきたい。

『路上脱出ガイド』を作成、無償配布

認定NPO法人ビッグイシュー基金は、雑誌販売を通してホームレスの人たちの仕事を創出していることで知られている有限会社ビッグイシュー日本を母体とした非営利組織である。

ビッグイシュー基金は、ホームレスの人たちを支援する様々な活動を展開しているが、2009年以降、全国各地のホームレス支援団体と連携をしながら、路上生活をしている人が今日を生きのびて自立への道を歩めるようになるために必要な情報を一冊にまとめた小冊子『路上脱出ガイド』を作成・発行し、ガイドを必要としている人への無償配布を進めている。

ガイドは、徹底して路上生活の当事者の目線で書かれており、「食べ物がない」、「体調がわるい」、「泊まる所がない」、「仕事を探したい」、「今すぐ仕事がしたい」、「生活保護を申請したい」等と思った時に活用できる官民の支援に関する情報が項目ごとにまとめられている。

『路上脱出ガイド』には各地のバージョンがあり、これまで大阪、東京、札幌、名古屋、京都、福岡、熊本で発行されてきた。

このうち最も発行部数の多い東京23区編は、2019年の年末までに6回の改訂を経て累計約8万3000部が発行され、そのほぼ全てが配布済みとなっている。

ガイドが生活困窮者の手に渡るルートはさまざまだ。各地でホームレス支援活動を行なっている団体が炊き出しや夜回りにおいてガイドを配布するだけでなく、「自分の家や職場の近くで野宿をしている人がいて、気になっている」という一般市民がビッグイシュー基金からガイドを取り寄せて、自ら配布するケースも数多くある。ビッグイシュー基金では、個人や団体から問い合わせがあれば、送料のみを負担してもらう形でガイドを無償で送付している。

お寺や教会、図書館などホームレスの人が訪れることが多い施設で、ガイドを手に取れる場所に置く動きも広がっている。特に近年、増えているのは図書館からの請求だそうだ。東京の中野区立図書館では、ガイドを置くだけでなく、相談先一覧のページを見開きで立てかけるなどの工夫をしている。また、大阪市は全ての市立図書館（24館）でガイドが設置されており、設置されて1週間で50部がなくなったところもあったそうだ。

図書館と路上生活者の関係については、図書館関係者の間でも議論が続いている。路上生活者の中には「昼間は図書館で休んでいる」と言う人が多く、特に冬の寒い時期は、夜間に路上で寝ると凍死する恐れがあるので、昼間は図書館に行って体を休めている人が少なくない。全ての人に開かれた場である図書館は、ある意味、シェルター的な機能も果たしているのだが、その反面、他の利用者と臭いやいびき等の問題でトラブルが生じた例も報告されている。私自身も、図書館の職員から「どうすればよいのか、悩んでいる」と相談されたことが何度かある。

サンフランシスコの図書館では、2008年からホームレス支援のためのソーシャルワーカーを雇い入れて、積極的な支援に乗り出している。アメリカの他の都市にもこうした動きは広がっており、日本でもガイドの設置が図書館の場を活用した生活困窮者支援につながっていくことを期待したい。

『路上脱出・生活SOSガイド』への名称変更

『路上脱出ガイド』の各地版は何度か改訂を経ているが、最も大きかった改訂は、『路上脱出・生活SOSガイド』への名称変更である。2017年10月から大阪編で名称が変更されたのに続き、2018年12月からは東京23区編でも名称が変更されている。

この改訂の理由について、ビッグイシュー基金スタッフの高野太一さんに聞いたところ、「日常的に寄せられる相談の内容が、複雑・多様化している」と実感したことがきっかけになったと言う。

夜回り等で路上生活の当事者に直接、ガイドを配布する数は減っているものの、図書館での配布数が増えていることや、ガイドのウェブサイト版へのアクセスがたくさんあることから、路上生活には至っていないものの不安定な居住状態にある「見えないホームレス当事者」にもガイドが意外と読まれているのではないかと思い、情報提供のあり方を見直すことにしたそうだ。

これまでのガイドは、路上生活者が今日を生き抜くための緊急的な資源の情報に比重を置いていたが、新版では、官民を問わず、ホームレス化を予防し得る支援や制度の情報をさらに充実し、広く読んでいただきたいという問題意識から、名称も含めて、全面的に刷新したという。

高野さんによると、『路上脱出・生活SOSガイド』の発行・配布により相談につながる人も多様化しているという。スマホを持ち、自分の不安定な生活ぶりをTwitterなどで実況しながら、友人の家での居候をしている20代の男性や、正社員で働いているものの、大学院までの奨学金の返済額が給与の半分以上（10万円超）を占めるため、生活に困窮し、不定期に週末だけ家に帰りながら平日は路上で寝ているという30代の男性もいたという。また、刑務所を満期出所予定の人からの問い合わせや、生活保護を利用しているものの住まいに不安がある人からの相談も少なくないそうだ。

多くの人々が、自分も路上生活になってしまうのではないかという不安を抱えている中、これらの人たちが実際に路上生活になってしまう前に、どうわかりやすく情報を届けるか、というのが、今後の課題であると高野さんは語っている。

私も2009年の東京23区編初版発行時からガイドの編集や配布に協力してきたが、都内だけで8万部、各地版を合わせると10万部以上ものガイドが生活困窮者に渡されたことの意味は大きいと考えている。

「数年前に、この冊子をもらいました」と言って、ボロボロになったガイドを手にＮＰＯの相談窓口に来た高齢者に会ったことがあるが、すぐに支援策につながらなかったとしても、孤立している生活困窮者に対して「あなたのことを気にかけている人がいる」と伝えることは、小さいながらも一つのソーシャルアクションであると言える。その積み重ねが少しずつ、私たちの社会の「空気」をも変えていくだろう。

待っているだけでは出会えない少女たち

孤立した若者を支える活動も、新たなアウトリーチの手法を開発している。

仁藤夢乃さんが代表を務める一般社団法人Ｃｏｌａｂｏは、家庭にも学校にも居場所がなく、夜の街をさまよう若者たちを「発見し、出会い、つながること」を目的に、街に出て声をかけるアウトリーチ活動に力を入れてきたが、２０１８年から新たに夜間巡回バスを活用したアウトリーチを開始した。

仁藤さんたちが参考にしているのは韓国のＮＰＯ「動く青少年センターＥＸＩＴ」の実践である。

ソウルでは、「動く青少年センターＥＸＩＴ」が繁華街に夜間、大型バスを停車させ、バスを拠点に支援員が街に出て、青少年に声を掛け、食料や物品、情報提供を行なう活動を展開している。

Ｃｏｌａｂｏは、赤い羽根福祉基金の助成金により、10人が乗れるマイクロバスを購入し、「Tsubomi Café」という名前のバスカフェを新宿と渋谷で交互に開催。夕方から夜11時までピンク色のバスを停めて、10代女性限定で食事やお菓子、化粧品、日用品などを無料で提供している。バスカフェは２０１８年10月から1年間に33回開催されたが、この間、延べ約３０００人に声かけをして、そのうち約５００人がバスカフェを訪れたそうだ。

仁藤さんたちがアウトリーチに力を入れるのは、さまざまな事情から家に帰ることができない少女たちが、街やネットをさまよう中で性被害に遭ったり犯罪に巻き込まれたりする事件が後を絶たないにもかかわらず、彼女たちが自ら相談窓口に足を運ぶことがないからである。その背後にあるのは、大人に対する不信感や諦めだ。

「夜の街で女の子たちに話しかけても、やっぱり警戒されてしまうんですよね。そこで、『支援臭』を消すために、バスの外見もかわいくして、カフェという名前にしました。カフェなら、『ここに来たら、タダ飯が食べられるよ！』というノリで声をかけられますし、半屋外なので女の子も安心して来られます」

バスカフェでは、携帯電話の充電ができWi-Fiも使用できる。生理用品やコンドームの配布も行なっている。

「バスに来てくれる子のなかには家族からの虐待や性的搾取の被害に遭っている子も多い。『家とか学校、オトコのことでも、困っていることがあれば何でも聞くし、あとでLINEをくれてもいいよ』と伝えていますが、別に無理に話さなくてもいい。定期的に顔を合わせることで、関係をつくっていきたいと思っています」と仁藤さんは語っている。

漂流する妊婦を支える

「はじめに」で、漫画喫茶で出産をした母親が新生児を殺してしまった事件を取り上げたが、近年は孤立した妊婦が住まいを失い、ネットカフェ等に滞在するというケースが珍しくなくなっている。

NPO法人ピッコラーレは、妊娠が「困り事」になっている人々の相談支援を行なってきた団体である。同団体にはメールや電話、SNSで、月700件を超える相談が寄せられる。その内容は、「生理が遅れている」、「避妊に失敗した」というものから「ネットカフェにいます。だんだんお腹が大きくなり胎動を感じる中で、まだ一度も病院に行くことができていません」という女性まで多様だ。

ピッコラーレ代表理事の中島かおりさんは「妊娠が困り事になる背景のひとつに、居場所の問題があります」と語る。

「誰にとっても、それを望んでいて計画的だったとしても、妊娠出産、そして育児は一人で抱えるには大変なことです。妊娠中から出産、産後の間の生活保障、母体と胎児の健康のために必要な医療にかかる費用、育児などを自分だけでなく、パートナーや家族、周囲の人たちの助けを得ながらでないと難しい。とても『一人でも、未成年でも、仕事がなくても、何とかなるよ』と簡単には言えないです。妊娠をきっかけに生活ができなくなるほど困ってしまう人たちは、だからこそ、その妊娠を誰にも言うことができません。妊娠以前から心を安らかにできる居場所や周りに心から信頼して頼りにできる人がいないとか、そういう状況にあったら、なおさら妊娠がさらなる大きな困り事になってしまうことが、この活動をしていてどんどんわかってきました」

女性たちが衣食住を失い、新たな居場所を探すことが思いがけない妊娠のリスクを生むと、中島さんは指摘する。

「例えば、親からの暴力から逃れるためにやっとの思いで家から逃げ出すことができたとしますよね。家出先を友達の家にしても、友達の家にずっといられるわけではありません。そのため、次はSNSで知り合った人の家を転々とするようになるかもしれません。または、見知らぬ男性の家に泊まる子もいます。寮のある仕事を探すかもしれません」

「安心で安全な居場所がないということが、妊娠につながり、誰にも言えず、一人きりで抱え、病院にもかかれないままになってしまうということと関係していると感じます」

こうした「漂流妊婦」を支えるための公的支援はまだ整備の途上である。そこで、ピッコラーレでは、若者の支援に取り組むNPO法人PIECESとともに豊島区の空き家利活用事業を活用して、2020年、漂流する妊婦が安心できる居場所「project HOME」を開設する予定だ。「project HOME」は、当事者の抱える困難に対して助産師や社会福祉士などの専門家だけでなく、様々な連携先や、地域の支え手と一緒になり、利用者一人ひとりのニーズに合わせて支援する場であると同時に、今後のことをゆっくり安心して考えられる空間や時間を提供できる「居場所」にしたいと中島さんは考えている。

実質的な「ホームレス」を支援する団体が増加

路上生活者、10代の若者、妊婦など、孤立する人々に支援の手を届けようとする民間団体の活動を見てきたが、近年、さまざまな分野で困難を抱えている人を支える民間の活動は広がってきている。

子ども、若者、女性、LGBT、外国人など、さまざまな属性の人々を支える民間団体の数は、この10年間で増え続けており、それぞれの分野において専門性を磨いてきている。

私はそれぞれの団体の支援現場の話を聞く中で、「ホームレス支援」と銘打っていなくても実質的にホームレス状態にある人を支援している団体が多いことに気づいた。

例えば、女子高生を中心に10代の若者たちを支援している一般社団法人Ｃｏｌａｂｏでは、虐待などの問題があるために家庭に居場所がなく、夜の街をさまよっている若者を一時保護するためのシェルターや中長期に滞在できるシェアハウスを開設している。

「Tsubomi Café」の活動を始めてからは、カフェでの相談を通して、緊急の宿泊支援につなぐケースも出てきたそうだ。

深夜の相談でシェルターへの移動が困難な場合は、近隣のホテルの部屋を確保して泊まってもらっているが、近年、都内のホテルの宿泊費が高騰しているため、その費用が負担になっているという。

漂流する妊婦を支えるＮＰＯ法人ピッコラーレでも、ネットカフェに暮らしている妊婦から「もう所持金がない」という相談が来ることが少なくないという。

そういう場合には、行政が開設している女性相談センターや警察に緊急一時保護をしてもらえるように働きかけているが、週末で行政の窓口が閉まっている場合は、緊急の宿泊費を出さざるを得ないという。

LGBTの生活困窮者を支援する「LGBTハウジングファーストを考える会・東京」では、都内のアパートの部屋1室を確保して「LGBT支援ハウス」を開設。2019年1月より、住まいを失ったLGBTの生活困窮者の受け入れを始めている。だが、シェルターが満室時も緊急支援を求める問い合わせが各方面から相次ぎ、対応に苦慮しているという。

日本国内に逃れてきた難民を支援している認定NPO法人難民支援協会の相談現場では、近年、難民申請中の外国人が十分な公的支援を受けられず、路上生活となってしまうケースが増えているという。そのため、他団体と連携して緊急の宿泊場所を提供したり、ホステル等での宿泊費用を支給したりするといった緊急支援を実施している。

しかし、全ての人の宿泊先をすぐに確保できるわけではなく、資金的な問題もあるため、宿泊費用の支給については女性や未成年、病気を抱えている人など、特に脆弱性《ぜいじゃくせい》が高い人に限定せざるを得ない状況だという。

これらさまざまな団体の話を聞いてみると、緊急時のネットカフェ代、ホテル代等の支援は各団体の会計からの持ち出しになっており、それが財政への負担になっているという実情がわかってきた。

新たな基金を作り、緊急宿泊支援に助成

そこで、私が代表理事を務める一般社団法人つくろい東京ファンドでは、2019年、「東京アンブレラ基金」という新たな基金を作り、各団体が実施する緊急宿泊支援を助成する仕組みを創設した。「アンブレラ」には「今夜、雨露をしのぐ場」という意味を込めている。

助成の金額は1人あたり1泊3000円。連続4泊分まで支援する仕組みになっている。安全上の都合により支援者が同じ場所に宿泊する際は支援者1人分3000円も追加支給する。

この程度の金額では、各団体が実施する緊急宿泊支援の全額をまかなうことは難しいが、少しでも金銭的な負担を軽減できればと考えている。

２０１９年11月までに以下の８団体が協働団体として「東京アンブレラ基金」に参加してくれた。

・ＮＰＯ法人ＴＥＮＯＨＡＳＩ（路上生活者支援）
・一般社団法人Ｃｏｌａｂｏ（若者支援）
・認定ＮＰＯ法人難民支援協会（難民支援）
・ＬＧＢＴハウジングファーストを考える会・東京（ＬＧＢＴの生活困窮者支援）
・ＮＰＯ法人豊島子どもＷＡＫＵＷＡＫＵネットワーク（子ども支援）
・避難の協同センター（原発避難者支援）
・ＮＰＯ法人人身取引被害者サポートセンター ライトハウス（人身取引被害者支援）
・ＮＰＯ法人ピッコラーレ（妊婦の支援）

２０１９年12月には、新たに以下の５団体が協働団体として登録し、協働団体は計13団体となった。

・認定NPO法人ビッグイシュー基金（路上生活者支援）
・一般社団法人「あじいる」（荒川区を中心とした生活困窮者支援）
・府中緊急派遣村（府中市を中心とした生活困窮者支援）
・NPO法人POSSE（若者の労働相談、生活相談）
・一般社団法人ふくろうの会（緊急時の生活支援ができるシェアハウス事業者のネットワーク）

「東京アンブレラ基金」の原資は、この取り組みに賛同してくださる市民からの寄付金である。2019年3月から6月まで実施したクラウドファンディングは大きな反響を呼び、計741人が611万3500円もの寄付金を提供してくれた。

「東京アンブレラ基金」は2019年4月末に運用を開始した。運用の実績データは研究者に分析していただくことで、東京における住居喪失者の全体像を明らかにしていきたいと考えている。分析結果は将来的に行政に対する政策提言にもつなげていく予定だ。

差別と偏見による分断

「東京アンブレラ基金」は、各団体の支援現場のニーズを聞き取ることで始まった取り組みだが、私がこの基金の設立を呼びかけた背景には現代の日本社会に対する危機感がある。

それは、さまざまなマイノリティーの人たちに対する差別や偏見によって、社会の分断が進んでいることに対する危機感である。

こうした差別や偏見は歴史的に存在してきたが、ここ数年、日本社会では、在日韓国・朝鮮人に対するヘイトスピーチや障害者に対するヘイトクライムといった形で、むき出しの差別が顕在化するようになってしまった。台東区の避難所が路上生活者を排除したことに賛同する意見が噴出する背景にも、こうした社会的な風潮があると私は考えている。

私が問題視しているのは、本来、こうしたヘイトスピーチやヘイトクライムを抑止する立場にある政治家の一部が、さまざまな属性の人たちへの差別発言を繰り返していることだ。

2017年9月、麻生太郎副総理は北朝鮮情勢に関連して「武装難民が来たら射殺か」と、難民とテロリストを同一視する暴言を吐いた。これは日本が批准している難民条約の理念を踏みにじる暴言であったが、発言は撤回されなかった。

2019年8月、自民党の杉田水脈《すぎたみお》議員が月刊誌「新潮45」で「LGBTは生産性がない」という趣旨の文章を寄稿し、大きな批判を浴びた。杉田議員は後日、「不適切な記述であった」と認め、「誤解とか論争を招いてしまったことは大変重く受け止めている。それによって不快に思われた方とか傷ついた方がいたことについては重く受け止めている」と述べたが、差別する意図はなかったとして発言の撤回には踏み込まなかった。

2018年10月、再び麻生副総理が記者会見の場で、「自分で飲み倒して、運動も全然しない人の医療費を、健康に努力している俺が払うのはあほらしい」という知人の言葉を引用した上で「いいことを言う」と発言した。

政治家が特定の人たちに対して、マイナスのレッテル貼りを行ない、差別やヘイトを扇動するという事態に危機感を感じ、私は東京都中野区の区議会議員でLGBT議員連盟のメンバーでもある石坂わたるさん、ALSなど難病を抱える人たちの介護支援に取り組むNPO法人ALS/MNDサポートセンターさくら会の事務局長の川口有美子さんと共に、「政治から差別発言をなくすために私たちがすべきことは?」という院内集会を企画した。

政治と差別をテーマに110人が参加して集会

2018年10月に開催された院内集会には、LGBTの当事者や障害や難病を抱える人を中心に約110人が参加し、政治と差別をテーマにした議論が交わされた。

呼びかけ人の川口有美子さんは、杉田議員の「生産性がない」という発言が、人の価値を生産性の有無で評価するものであり、津久井やまゆり園での障害者殺傷事件の犯人の考えと同根だとして、障害や難病の当事者とともに「生きてく会」（すべての人が差別されることなく安心して生きていく会）を結成。9月7日に「生きてく会」は杉田議員に発言の撤回と謝罪を求める要求書を提出している（杉田議員は回答せず）。

私は、杉田議員の文章のロジックに、特定のカテゴリーの人たちにマイナスのレッテル貼りを行なうことで、同性パートナーシップ制度への反対など、制度や政策を自らの望む方向に誘導しようとする手法を感じ取った。こうした手法は、2012年に片山さつき参議院議員らが主導した生活保護バッシングが、翌年からの生活保護基準引き下げにつながったことを想起させ、マイノリティーへの差別が政治に悪用されてしまうことに危機感を抱いていた。

そこで、LGBTの人たちへの差別に限らず、分野を越えて「政治の場での差別発言」自体を問題にしていく集会を共に企画することになったのである。

院内集会では、東京大学先端科学技術研究センター准教授の熊谷晋一郎《くまがやしんいちろう》さんが基調講演を行った。

熊谷さんは、「なぜ政治の場で差別発言をしてはいけないのか」、「なぜ政治は差別という問題を本気で考えないといけないのか」という問いを設定した上で、「スティグマ」という概念を軸に問題を解説してくれた。

「障害の社会モデル」、変わるべきは社会環境だ

脳性まひの当事者でもある熊谷さんは、自分自身の幼少期の経験から語り始めた。

熊谷さんは子どもの頃、「少しでも健常者に近づけることが良いことだ」という親の考えに基づき、1日6時間のリハビリをさせられていたという。時にはリハビリのしすぎで骨折をすることもあったそうだ。

一生懸命、リハビリをしたものの、健常者になることはできず、「自分は社会の中で生きていけるのだろうか」という不安を抱えていた頃、障害者の当事者運動に出会い、「障害の社会モデル」という考え方を知ることができた。それは自分にとって、とてもラッキーなことだったと熊谷さんは振り返る。

「障害とは皮膚の内側にあるのではない。皮膚の外側にあるものだ。階段をのぼれない私の体の中に障害があるのではない。階段しか設置していない建物の中に障害がある、とい

うのが社会モデルの考え方です。この考え方は180度、私の見方を変えてくれました」

「変わるべきは、私の体ではない。私の心ではない。変わるべきは社会環境だということを先輩が教えてくれたのです。自分を責めすぎることなく、運動という形で社会の側を変えるということを信じていくことで生きていくことができるようになりました」

社会モデルは障害の問題だけでなく、さまざまなマイノリティーの問題に応用できる考え方だと熊谷さんは指摘する。

しかし、ここ数年、障害者運動の半世紀の取り組みを全否定するかのような動きが政治の場や日常にあふれてきていると感じ、「これは何としても止めないといけない」という危機感を持っているという。

なぜ差別を政治の場で議論しないといけないのか。

その問いに答える一つの方法として、熊谷さんは「健康の社会的決定要因」(SDH)に関する海外の先進的な研究成果を紹介した。

健康格差を生じさせる社会的要因

近年、医学が進歩しても、貧困状態にある人や依存症、精神疾患を抱える人など、一部の人たちにその恩恵が行きわたっていないという問題に多くの研究者が取り組んでいる。

そこで注目されるようになったのが、健康格差を生じさせる社会的要因である。

ある社会的要因が健康格差に影響を与えているかどうかは、以下の三つの条件で判断できると言う。

①それは、様々なメカニズムで、多くの人々の心身の健康に影響を与える。

②それは、良い健康状態を維持するのに不可欠な、物理的、対人関係的、心理的な資源へのアクセスを妨げる。

③それは、時代が変わっても、新しいメカニズムへと進化することで、健康の不平等を再生産する。

スティグマはこの三つの条件をすべて満たしている。スティグマは人を傷つけたり、自尊心を奪ったりするということを越えて、健康の不平等を生じせしめていると熊谷さんは指摘する。

スティグマとは、一部の属性を持つ人にネガティブなレッテルを貼り付けることを意味する。スティグマは人から人に伝染し、それが「発症」して、具体的な言動につながった時、差別となる。

スティグマには、非当事者が当事者に対して持っているスティグマや、当事者が当事者に持ってしまうスティグマ（自己スティグマ）があるが、これら個人に属するスティグマだけでなく、法律や文化、規範、価値観など、社会が実装しているインフラの中にもあり、それは「構造的スティグマ」と呼ばれている。近年は、「構造的スティグマ」が健康に与える影響について、様々な研究が進んできているという。

また、スティグマは、どの文化圏においても生じるものだが、どの属性にスティグマが貼られるかは文化によって異なる。

ただ、文化間比較をしてみると、「ある属性が意志の力や努力によって乗り越えられると、誤って信じられているものはスティグマを貼られやすい」という共通の傾向が見られるという。これは「帰属理論」と呼ばれている。

「あなたの意志が弱いからでしょ」、「あなたが努力不足なんでしょ」と、誤って解釈される属性はスティグマを負わされやすいというわけだ。その例として、熊谷さんは依存症や肥満をあげ、「不摂生で病気になった人」への医療保険の適用を問題視する麻生大臣の発言についても、こうした発言が社会に対してどういう効果を与えるのか、「帰属理論」の観点から考えていただきたいと述べた。

自己責任論が強い日本社会では、ホームレスの人たちや生活保護利用者に対して、「努力が足りないから貧困に陥ったのではないか」という眼が向けられることが多い。こうした人々への偏見も、「帰属理論」で説明をすることができると私は思う。

スティグマが貼られやすい属性としては、精神障害、HIV、エスニックマイノリティ、心身の障害等があり、こうした属性に貼られたスティグマによって、住まいや仕事へのアクセス、人間関係、健康状態などにマイナスの影響が生じているということが世界中で研究されている、と熊谷さんは指摘する。

スティグマが社会資源からの阻害、社会的孤立、ストレス、飲酒や喫煙などの適応的でない対処行動といった問題を生み出し、健康の不平等につながっていくメカニズムが解明されつつあるのだ。

本書の1章で取り上げた避難所からの路上生活者排除や、2章で取り上げた障害者やLGBTの人たちの住宅確保の問題も、社会資源からの阻害の典型例である。公的な支援から排除されたり、安定した住まいをなかなか確保できないことが、その人たちの心身の健康にも大きな悪影響をもたらすというのは想像に難くない。

熊谷さんは、本人の意志の問題とされがちな薬物依存などのアディクションも、スティグマに対する自己対処として起きる例が多いと述べていた。路上生活者の喫煙率の高さやギャンブル依存やアルコール依存の人が多いという問題も、その人たちが人生の中で直面してきたスティグマとの関連で考える必要があるだろう。

当事者の「語り」に触れることが重要

熊谷さんは差別をなくすためには、制度・政策へのアプローチと教育の両方が必要であるが、特に教育においては様々なマイノリティー性を抱えた当事者の「語り」に触れることが重要だと強調されていた。

熊谷さんは、講演の冒頭で政治と差別の問題に関する「全体の見取り図」を示したいと述べていたが、政治家による差別発言が健康格差を増幅させ、さまざまな社会問題を生み出すメカニズムがよくわかる講演であった。

講演の後は、ＬＧＢＴの当事者や難病・障害を抱える当事者やその支援者、外国人の支援団体関係者からの発言が続き、それぞれの体験に基づく差別の実態が語られた。

集会には、野党の議員のみならず、自民党や公明党議員も参加し、それぞれ発言をしてくれた。

この集会では、様々なマイノリティー性を持つ当事者がそれぞれの言葉で自分の生きづらさについて語った。そうした当事者の「語り」に触れる政治家が増え、政治の場における言葉が少しずつ変化していくことを期待したい。

貧困対策にも分断が持ち込まれている

政治家やヘイトスピーチ団体がまき散らす差別やヘイトは、日本社会にさまざまなレベルでの分断を招いているが、それは貧困対策にも影響を与えていると私は考えている。

最も顕著なのは、外国人の生活保護問題だ。

厚生労働省は、生活保護を利用できる外国人を永住者、日本人の配偶者、定住者など、活動に制限を受けない在留資格を持っている人に限定している。

しかも、外国人への生活保護は生活保護法を「準用」するという形で実施しているため、日本人には権利として認められている不服審査請求をすることができない。

このように「最後のセーフティネット」である生活保護の利用において、外国人は明らかに差別されている。しかし、ヘイトスピーチ団体は在日外国人へのヘイトを煽るため、事実を真逆にして、外国人の生活保護が「特権」として優遇されているというデマを流し続けてきた。

その中には、私たちが取り組んできた「水際作戦」の問題を引き合いに出し、「外国人が生活保護を悪用するから、日本人が生活保護を使えなくなる」といった悪質なデマを流している団体もある。

2019年4月、「改正」入管法が施行され、最大で約34万人の外国人労働者の受け入れが始まった。将来、その中から貧困状態に陥る人が出てくるのは確実である。

だが、就労ビザで入国する外国人は基本的に生活保護の対象にはならない。「仕事ができなくなって、生活に困窮するなら、帰国すればよい」というのが政府の立場だからだ。しかし実際には、帰国できない事情を抱えている人も多いだろう。

2019年11月には長野県箕輪町のアパートでパキスタン人の父親が無理心中を図り、母親と2歳の男の子、ゼロ歳の男の子が死亡するという事件が発生した。一家は家賃を滞納しており、事件が起こったのは強制立ち退きの当日だった。

報道によると、箕輪町役場は「5月に赤ちゃんが生まれ、定期健診に来ないときがあったので職員が訪問していた。先月も訪問したが、生活に困っている様子はなく、相談もなかった」と言っているが、役場が生活困窮を把握できたとしても、生活保護制度を使えなければ、公的に支援できるメニューを行政が持っていないという事態も考えられる。

法政大学大学院博士課程で、外国人の生活保護について研究している大澤優真さんは、以下のように指摘する。

「在留外国人統計によると、2019年6月末現在で生活保護対象外の外国人は在留外国人の48％（134万人）。この人たちの中には生活苦にあえぎ、必要な医療にかかれない者もいる。この状況を放置すべきでない。生活保護を含む外国人の生活保障のあり方を議論する必要がある」

難民申請中の人も含め、生活に困窮する外国人をどう支えるのかという課題は、2020年代の日本社会の大きな課題になると私は考えている。だが、ヘイトスピーチ団体や一部政治家が排外主義を煽ることで、この問題への対応が遅れ、貧困が放置されてしまうことが懸念される。

緊縮マインドが分断を招く

外国人の生活保護をめぐる言説は最も悪質な分断の例だが、そこまで明確な悪意はないものの、貧困対策に分断を持ちこむ言説は他の問題についても散見される。

例えば、子どもの貧困対策について、「高齢者の社会保障を削って子どもに回せ」という主張も見られるようになってきている。これは高齢者の間にも貧困が広がっているという現実を覆い隠し、富の不平等の問題を世代間格差にすり替える言説である。

子どもの貧困対策を進めたいという善意から、「大人の貧困については自己責任と考えている人が多いので、なかなか共感を得られない。そのため、子どもの貧困問題は大人と切り離して議論した方が良い」と語る人もいる。これも「子どもの貧困」を「大人の貧困」と対比的に捉えることで、結果的に分断を生みかねない言説だと私は考えている。

言うまでもなく、「子どもの貧困」は子育て世帯の貧困を意味しており、その背景には日本における最低賃金の低さやジェンダー不平等、社会保障の不備といった「大人の貧困」と通底する問題が隠されている。

子どもに着目した貧困対策や民間の支援は重要だが、不必要に「子どもの貧困」を「大人の貧困」と切り離す言説には注意が必要だろう。「大人の貧困」は自己責任である、という風潮を助長することになりかねないからだ。

貧困対策を進める上で、世代や国籍、SOGI（性的指向・性自認）などの違いを踏まえることは大切だが、お互いの違いを踏まえつつ、人々を分断させる言説に警戒していく必要があると私は考えている。

世代間、カテゴリー間の分断を煽りかねない言説が広がっている背景には、「緊縮マインド」の影響がある。

現代の日本社会では、少子高齢化に歯止めがかからない中、社会保障や教育などの公的サービスの予算を削減する緊縮財政政策を取らないと、国家財政が破綻しかねないという危機感が広がっている。

こうした「緊縮マインド」がNPO関係者の間にも広がり、自らの関わる問題領域の重要性を他の領域との比較において主張することで、「縮小するパイを奪い合う」かのような状況が生じているのだ。

その根底には、新自由主義的な「小さな政府」路線は変えようがないという諦念がある。

しかし、生存権を含む基本的人権の保障は、片方が勝てば、もう片方が必ず負けるという「ゼロサムゲーム」ではない。あるカテゴリーの人々への支援が充実し、生活を保障する水準が高まることは、社会全体の生存権保障のレベルを底上げすることになる、という

「ウィンウィン」の関係にあるのだ。

各分野で活動をするNPO関係者には、活動カテゴリーごと、団体ごとの予算獲得競争に走るのではなく、すべての人の健康で文化的な生活を保障するため、国家予算というパイそのものを大きくしていく必要があるという社会的な合意の形成に取り組んでほしいと私は願っている。

誰も路頭に迷わせない東京をつくる

日本社会で起こっている分断や異なる他者への排除は、欧米でも深刻化している。もともと移民国家としての歴史を持つアメリカでも、「アメリカ・ファースト」を掲げるトランプ大統領が就任して以降、移民に対して厳しい政策が採られるようになった。トランプは、一部の不法移民は「人ではなく動物である」とまで言い、差別と排外主義を煽っている。

こうした移民排除の動きに対して抵抗しているのが、不法移民に寛容な政策をとってきたニューヨーク、ロサンゼルスなど「サンクチュアリー・シティ（聖域都市）」と呼ばれる大都市である。これらの都市や一部の州は、不法移民を拘束し、国外退去させるよう求める大統領令に対して裁判闘争まで行い、抵抗し続けている。

その抵抗を支えているのは、都市とは本来、多様な人々によって作られる場であるとする市民意識ではないだろうか。

ニューヨークであれば、世界各地から来た多様な人々と共生をしてきた「ニューヨーカー」としてのアイデンティティが、偏狭なナショナリズムを越える形で存在しているのではないかと考えるのだ。

こうした「聖域都市」の経験から、私たちも学ぶことができると私は考えている。

日本では、2019年4月1日から外国人労働者の受け入れが拡大されたが、政府はあくまで「移民政策ではない」という建前を言い続けている。

外国から働きに来る人々は「外国人材」と呼ばれ、彼ら彼女らの「ひと」としての生活をどう支え、人権を保障するのか、という議論は煮詰まらないままだ。

ヘイトスピーチ団体の活動は、ヘイトスピーチ解消法の影響により、いったん下火になったものの、一部の地方議会ではヘイトスピーチ団体に関係のある議員が誕生するという事態になっている。

国政レベルでも、外国人やLGBT、生活保護利用者等への差別発言を行なう政治家の発言が後を絶たない。

また、東京五輪を間近に控え、路上生活者を都市空間から排除していく動きも加速してきている。

このままでは、社会の分断はさらに進みかねないという危機感を私は抱いている。

だが本来、都市の魅力とはさまざまな人が混じりあい、交流することから生まれるのではないだろうか。

私は分断と排除の街より、誰もが人として尊重され、居場所を確保できる街に暮らしていたいと思う。

団体の枠を越えて緊急宿泊支援のための基金を運営する「東京アンブレラ基金」の合言葉は、「誰も路頭に迷わせない東京へ」である。

私たちがめざすのは、雨露に濡れて途方に暮れている人がいれば、そっと誰かが傘を差し出すような街だ。

「誰も路頭に迷わせない東京をつくる」という「東京アンブレラ基金」の試みをとおして、東京という街の多様性を確認し、分断を越えて多様な人々との共生をめざす「東京人」としての市民意識を醸成するきっかけにできないか。

差別と排除を煽る自国民第一主義を越える道を東京から発信できないか。

そんなことも視野に入れながら、プロジェクトを進めていきたい。

年末年始に「人生初の野宿」を経験

「東京アンブレラ基金」が設立されてから初めての冬となった2019年の年末、私たちは新たな取り組みを開始した。

その紹介の前に、生活困窮者にとって年末年始が何を意味するかを説明しておきたい。

「ふだんは派遣の仕事をしながらネットカフェで寝泊まりをしているが、年末年始の休みに入って収入がなくなり、路上生活になった。途方に暮れて、サンシャインシティの中をうろうろしていたら、窓越しに下の公園で炊き出しをやっているのが見えたので、おそるおそるのぞいてみました」

「仕事がなくなる年末年始に備えて、1週間分のネットカフェ代を貯めてきたが、マクドナルドの店内でウトウトしている間に、スリに遭ってしまった。どうしたらいいのか、わからない」

年末年始になると、このような相談が私たちホームレス支援団体のもとに寄せられるようになる。普段は仕事をしながら、ネットカフェ等に暮らしている人たちの中から、所持金が尽き、この時期だけ野宿をせざるをえない人が出てくるのだ。

2章で紹介したとおり、2017年に実施された東京都の調査では、都内のネットカフェ、漫画喫茶、カプセルホテル、サウナ、24時間営業の飲食店等に暮らしている人は約4000人と推計されている。そのうち約3000人が派遣、契約、パート・アルバイト等で働く非正規労働者で、働いている人の平均月収は約12万円である。東京で賃貸住宅を借りて、家賃を毎月払うのは難しい金額だ。

私はこれまで多くの「ネットカフェ難民」の相談を受けてきた。その年齢層はさまざまだが、共通しているのは、日払いや週払いの仕事をしながら、働いて得た収入からネットカフェ等の「その日の宿代」を払うという自転車操業的な生活を余儀なくされている人が多いという点だった。

そのため、仕事が数日間休みになる年末年始やゴールデンウィークの時期には、お金が尽きてネットカフェにも泊まれなくなり、「人生初の野宿」を経験せざるをえない人が続出する。

特に寒さが厳しくなる年末年始に屋外で寝ることは体力的に厳しいものがある。また、年末には帰省をして家族と正月を過ごすという慣習がある日本社会において、一人きりで路上で年を越さなければならないことがもたらす絶望感は想像に難くない。

こうした事態を避けるため、年末年始を乗り切るためのお金を貯めている人もいるが、節約のため、ネットカフェではなく、ファストフード店で夜を過ごしていたところ、窃盗被害に遭ったという人にも会ったことがある。

公的支援は事実上、機能を停止

生活困窮者にとって最後の頼みの綱である公的な支援は、この時期、事実上、機能を停止する。役所が閉庁している期間であったとしても、各自治体の夜間・休日窓口で生活保護の申請書を提出したり、ファクスで申請書を送付したりすることは可能だが、各自治体が独自の対策を行なわない限り、期間中に宿泊の支援や一時的な生活費の貸し付けを受けることはできない。

東京では民間によって「年越し派遣村」が行われた1年後にあたる2009年の年末から翌2010年の年始にかけて、都が「公設派遣村」と呼ばれる緊急支援を実施したことがある。この時は都が国立オリンピック記念青少年総合センターの宿泊棟を借り上げて、生活困窮者への緊急宿泊支援を行なったが、それ以降、年末年始の特別な公的支援は実施されていない。

ホームレス支援団体の中には、この時期、各地の公園で連日の炊き出しや医療・福祉相談等、集中的な支援活動を実施しているところが多い。私の経験では、12月30日、31日と年越しが近づくにつれて、普段の炊き出しの場では見かけない顔が増えてくるという印象がある。ネットカフェ等から押し出されるように路上に出てくる人が増えていくのだ。

だが、冒頭で紹介した発言に「おそるおそるのぞいてみました」という言葉があったように、「人生初の野宿」という事態に直面した人がホームレス支援団体に助けを求めるには、心理的なハードルを越える必要があるだろう。

仙台で始まった「大人食堂」の取り組み

ネットカフェ等に暮らすワーキングプアの人たちが、野宿に至る前の段階で気軽に相談に来られる場を作れないか。そんなことを私は自分が代表を務めるつくろい東京ファンドのスタッフと共に考えるようになった。

そんな中、２０１９年のゴールデンウィークから仙台で「大人食堂」という取り組みが始まったのを知った。

「大人食堂」は、若者の労働問題に取り組むＮＰＯ法人ＰＯＳＳＥの仙台支部と仙台けやきユニオンが中心となった取り組みである。18～65歳の労働者や失業者、その家族を対象に無料で食事を提供するとともに、弁護士や労働組合相談員による労働・生活・住居の無料相談会や、仕事や生活の悩みなどを気軽に話せる談話会も同時に開催している。仙台の「大人食堂」は、２０１９年5月の初回開催から同年の年末までに9回開催された。

「大人食堂」というネーミングは、全国に広がる「こども食堂」を意識したものだろう。子どもが気軽に行くことのできる「こども食堂」の取り組みが今の日本社会に必要であったのと同様に、大人にも居場所と支援は必要である。

そこで、仙台の取り組みに見習って、東京でも年末年始に「年越し大人食堂」を開催することにした。

新宿で「年越し大人食堂」を開催

２０１９年の年末から２０２０年の年始にかけては9日間の連休となった。安定した住まいを失っていなくても、「無事に年を越せるのか」と不安に思っている人は少なくないだろう。「年越し大人食堂」は、そうした大人たちのため、2019年12月31日と2020年1月4日の2回、新宿区内の会場を借りて開催された。

「年越し大人食堂」は、NPO法人POSSEとつくろい東京ファンドが中心になり準備を進めてきた。食材はパルシステム連合会、調理は料理研究家であり、認定NPO法人ビッグイシュー基金共同代表でもある枝元なほみさんが、それぞれ全面的に協力してくれた。

「年越し大人食堂」には2回合わせて、20代から60代までの男女計102人が来場した。そのうち、生活相談、労働相談をした方は計40人。うち住まいのない29人に「東京アンブレラ基金」から1泊あたり3000円の緊急宿泊支援費をお渡しした。

大みそかには、アルバイトをしながらネットカフェに寝泊まりしていたが、年末年始で仕事が切れ、ちょうどその日からネットカフェ代が払えなくなるという男性が相談に来ていた。

バーテンダーとして働いているものの、給与がほとんどもらえず、マクドナルドで宿泊。無料のWi-Fiを使い、スマホで情報を検索してたどり着いたという30代の男性もいた。この人の所持金は100円を切っていた。

こうした相談者に対しては、緊急宿泊支援に加え、年明けに生活保護などの公的支援につなぐためのサポートを行なった。

「年越し大人食堂」には、ワーキングプアの若者や女性の姿も多かったが、従来のホームレス支援の炊き出しではなかなか出会えない層の人たちとつながれたのは大きな成果である。

これまでは年末年始などの長期の休みの際、所持金が尽き、路上に出てから初めて支援につながるというケースが多かったが、「年越し大人食堂」は路上に押し出される前にその人たちとつながれる機会になったのである。

「年越し大人食堂」は、さまざまなNPO、生協、企業、個人の協働により実現することができた。

今後、東京での「大人食堂」を年末年始だけでなく、通年的な取り組みにしていくことで、これまで「見えない」状態にさせられてきた人たちとつながり、その人たちの声を社会に発信する機会にしていきたいと考えている。

おわりに

閉ざされた扉が開いても

２０１９年12月20日、私は再び台東区役所に向かった。

同年10月に台東区の自主避難所で路上生活者の受け入れが拒否された問題で、申し入れを行なった一般社団法人「あじいる」と台東区との初めての協議に同席するためである。

話し合いの場で、台東区危機・災害対策課の課長は、受け入れ拒否は「国民の生命、身体及び財産を災害から保護する」という災害対策基本法の理念に反しており、誤りであったことを認めた。その上で、今後、水害が発生した際は台東区役所と台東区区民会館の2カ所で路上生活者を受け入れ、雨風が強くなった場合は他の避難所でも受け入れるという方針を示した。

また、区として災害対策プロジェクトチームを立ち上げ、ホームレス支援団体とも連携しながら、避難所のあり方について見直していくという。

私たちは、受け入れ拒否の根底に行政の人権意識の欠如があることを指摘。ホームレス問題に関する職員への人権研修の実施や、職員による当事者への直接謝罪を求めた。これらの点について区側は持ち帰って検討をすることになった。

「あじいる」のメンバーである中村光男さんは協議の場で、この問題を受け入れ施設という「ハード」の問題だけでなく、職員や区民の意識という「ソフト」の問題として捉える必要があると強調していた。

「あじいる」が台風の後に区内で路上生活をしている人に行なった聞き取り調査では、34人中22人が「避難所があっても利用したくない」と回答していた。

利用したくない理由としては、「こんな格好じゃ、嫌な顔をされる」、「これまで差別されていたので、役所の運営する場所には行きたくない」、「野宿していて（通行人に）蹴飛ばされたり、日ごろから嫌な思いをしている」等、役所への不信や差別の存在をあげる人が多かった。

1章で述べたように、今回の事態はさまざまなレベルでの社会的排除が折り重なった結果として生じたものである。行政による究極の社会的排除にまで至るプロセスには、住まいを失ったことによって生じる複合的な不利や日常的にさらされる差別的対応が積み重なっている。

私たちの抗議により、閉ざされていた扉は外側からこじ開けられたが、扉の内側に差別や偏見が満ちていれば、実質的に締め出される人はいなくならない。社会的排除が長い時間をかけて進行したプロセスであることを踏まえるなら、その逆のプロセスも時間をかけて進める必要があるだろう。

熊谷晋一郎さんが指摘していたように、スティグマの解消には当事者の「語り」に触れることが有効である。私はこれまでもホームレスの当事者や経験者と共に学校に赴き、路上生活者の人権に関する出前授業を行なってきたが、今後、学校教育だけでなく地域の中でも、当事者の声を届ける機会を増やしていきたいと考えている。

台東区との協議に同席していた僧侶で、ホームレス支援団体「ひとさじの会」事務局長である吉水岳彦さんは、自らも区民であると述べた上で、「人を人として思うことが仕事として思えないのなら、仕事以外でも人を人として思えないということ。皆様と一緒に、より良い地域をつくっていきたい」と職員に語りかけていた。

この話し合いが、すべての人が人として尊重される地域をつくるための第一歩となればと願っている。

社会的包摂を越えて

日本では近年、社会的排除の対義語として社会的包摂という言葉が使われるようになった。これは「ソーシャルインクルージョン」の訳語だが、私は「包摂」という語に違和感を抱いている。

「包摂」という言葉には、排除された人を温情的に「包み込んであげる」というニュアンスが伴ってしまうのではないか、と危惧をしているからだ。「包摂」を語る人の立ち位置は、あくまで社会の内側にあり、そこには自分たちこそが「排除」の主体であったという観点が欠落しがちなのではないかと私は感じている。

台東区の避難所問題を例に考えると、社会の内側に立って問題を見れば、路上生活者のために避難所を開放することで、問題は解決するように見える。

しかし、排除された側から見れば、扉が開いただけでは根本的解決にならない。物理的に扉が開いたことは第一歩に過ぎず、行政の姿勢や市民の意識など「ソフト」も含めた社会のあり方自体が変わらなければ、安心して中に入ることはできないのだ。

社会的排除をなくすために私たちが取り組むべきは、排除された側、周縁に追いやられた側の人々の声を聞き、自らもその立ち位置に身を置いてみることではないだろうか。その上で、その人たちの目線に立って、今の社会のあり方を根源的に問い直していくことが求められている。

排除・周縁化された側からのまなざしを文化人類学者や社会学者は「周縁からの逆照射」と呼んできた。

この言葉は硬いので、もっとわかりやすい言葉を考案したいと私は思っている。ここでは仮に「外側からのまなざし」と呼ぶが、社会的排除の問題に関わる人には、ぜひこうした「外側からのまなざし」を自分のものとしながら、制度の改善やスティグマの解消に取り組んでほしい。

ここで大切なのは、「外側からのまなざし」を獲得することだけでなく、それを保持し続けることだ。

ソーシャルアクションが功を奏し、制度化が進むと、当初は「外側からのまなざし」を持っていた活動家が制度の中に入り、内側の人間になってしまうという現象が起こる。これは生活困窮者支援に限らず、さまざまな分野で起こってきたことだ。

もちろん、制度を内側から変えることも必要なのだが、制度がいくら改善されても外側に取り残され続ける人は存在し、時代の変化により新たに排除される人も出てくる。内側に立ち位置を移す人も必要であるが、その場合も自分の中に「外側からのまなざし」を持ち続けることを怠ってはならないだろう。制度の設計や運用に関わる人は、「今、自分たちが誰を排除しているのか」という点に自覚的であってほしい。

日々の実践を積み重ねる

さまざまなレベルで日々、進行する社会的排除に対する特効薬は存在しない。私たち一人ひとりが「外側からのまなざし」を持ち続け、日常の中で自分にできるアクションを不断に続けることこそが、唯一の対抗策なのだ。

それは、孤立している隣人に声をかけることかもしれない。

電車内で白い目で見られている路上生活者の隣に座ることかもしれない。

コンビニで働く外国人と挨拶を交わすことかもしれない。

友人との会話の中で飛び出した差別発言に「それはおかしい」と勇気を出して言うことかもしれない。

SNSで生活困窮者向けの支援情報を拡散することかもしれない。

自分がこれまで当たり前だと信じてきた「まなざし」のあり方に疑問を持ち、排除されている側からはどう見えるのかを日々、考え続けること。

新たに獲得した「まなざし」を自分のものにするために、日々できることを実践すること。

社会の状況や自分の認識が変わり、新たに排除されている人たちの存在に気づけば、そのたびに「まなざし」を更新すること。

立ち止まらずに、日々の実践を続ける。その途方もない繰り返しの先にしか、排除のない社会は到来しないであろう。

本書では、ごく一部しか紹介できなかったが、排除や貧困に抗うソーシャルアクションは、各地、各分野で広がっている。

この本を読まれた方々が、こうしたソーシャルアクションに参画されることを願ってやまない。

本書は、朝日新聞社のオピニオンサイト「論座」での私の連載「貧困の現場から」（1

～36回）の記事を再構成し、大幅に加筆・修正したものである。

2章の冒頭にある「今晩から野宿になるとブログで報告した若者」に関する記述は、「週刊エコノミスト」（毎日新聞出版）２０１７年5月30日号の拙稿「若者が陥る『住まいの貧困』」を基にしている。

編集者各位ならびに取材、インタビューに応じてくださった方々に感謝したい。

主要引用・参考文献

＊是枝裕和「『invisible』という言葉を巡って〜第71回カンヌ国際映画祭に参加して考えたこと」http://www.kore-eda.com/message/20180605.html（2019年1月3日、最終閲覧）
＊内閣官房社会的包摂推進室／内閣府政策統括官（経済社会システム担当）社会的排除リスク調査チーム「社会的排除にいたるプロセス〜若年ケース・スタディから見る排除の過程」（2012年9月）
＊ジュールズ・ボイコフ『オリンピック秘史〜120年の覇権と利権』早川書房、2018年
＊ナターシャ・ダウ・シュール『デザインされたギャンブル依存症』青土社、2018年
＊山本龍彦「〝C〟の誘惑〜スコア監視国家と『内心の自由』」「世界」2019年6月号、岩波書店
＊東京都福祉保健局生活福祉部生活支援課「住居喪失不安定就労者等の実態に関する調査報告書」（2018年1月）
＊認定NPO法人ビッグイシュー基金『若者の住宅問題〜住宅政策提案書〔調査編〕』2014年
＊株式会社リクルート住まいカンパニー「SUUMO『LGBTの住まい・暮らし実態調査2018』」2018年 https://www.recruit-sumai.co.jp/press/2018/10/suumolgbt20185412873l1.html（2019年1月3日、最終閲覧）
＊立川市生活保護廃止自殺事件調査団「一人ひとりに寄りそう生活保護をめざして〜立川市生活保護廃止自殺事件調査団活動報告と提言」（2019年3月28日）
＊生活保護問題対策全国会議編『「生活保護なめんな」ジャンパー事件から考える〜絶望から生まれ

つつある希望』 あけび書房、2017年
*日本弁護士連合会「生活保護法改正要綱案(改訂版)」(2019年2月14日)

稲葉　剛　いなば・つよし
一般社団法人つくろい東京ファンド代表理事、認定NPO法人ビッグイシュー基金共同代表、立教大学客員教授、住まいの貧困に取り組むネットワーク世話人、生活保護問題対策全国会議幹事。1969年、広島市生まれ。東京大学教養学部卒業(専門は東南アジアの地域研究)。在学中から平和運動、外国人労働者支援活動に関わり、94年より東京・新宿を中心に路上生活者支援活動に取り組む。2001年、湯浅誠氏と自立生活サポートセンター・もやい設立(14年まで理事長)。09年、住まいの貧困に取り組むネットワーク設立、住宅政策の転換を求める活動を始める。著書に『貧困の現場から社会を変える』『生活保護から考える』、共編著に『ハウジングファースト』など。

朝日新書
754
閉《と》ざされた扉《とびら》をこじ開《あ》ける
排除と貧困に抗うソーシャルアクション

2020年3月30日第1刷発行

著　者　稲葉　剛

発行者　三宮博信
カバーデザイン　アンスガー・フォルマー　田嶋佳子
印刷所　凸版印刷株式会社
発行所　朝日新聞出版
〒104-8011　東京都中央区築地5-3-2
電話　03-5541-8832（編集）
　　　03-5540-7793（販売）

Published in Japan by Asahi Shimbun Publications Inc.
ISBN 978-4-02-295059-8
定価はカバーに表示してあります。

落丁・乱丁の場合は弊社業務部(電話03-5540-7800)へご連絡ください。
送料弊社負担にてお取り替えいたします。

寂聴　九十七歳の遺言

瀬戸内寂聴

「死についても楽しく考えた方がいい」。私たちはひとり生まれ、ひとり死ぬ。常に変わりゆく。かけがえのないあなたへ贈る寂聴先生からの「遺言」――私たちは人生の最後にどう救われるか。生きる幸せ、死ぬ喜び。魂のメッセージ。

知っておくと役立つ　街の変な日本語

飯間浩明

朝日新聞「be」大人気連載が待望の新書化。国語辞典の名物編纂者が、街を歩いて見つけた「まだ辞書にない」新語、絶妙な言い回しを収集。「昼飲み」の起源、「肉汁」は「にくじる」か「にくじゅう」か、などなど、日本語の表現力と奥行きを堪能する一冊。

中国共産党と人民解放軍

山崎雅弘

「反中国ナショナリズム」に惑わされず、人民解放軍の「真の力〈パワー〉」の強さと限界に迫る！　国共内戦、朝鮮戦争、文化大革命、中越紛争、尖閣諸島・南沙諸島の国境問題、米中軍事対立、そして香港問題……。軍事と紛争の側面から、〈中国〉という国の本質を読み解く。

早慶MARCHに入れる中学・高校
親が知らない受験の新常識
矢野耕平
武川晋也

中・高受験は激変に次ぐ激変。高校受験を廃止する有力中高一貫校が相次ぎ、各校の実力と傾向も5年前と一変。大学総難化時代、「なんとか名門大学」に行ける中学高校を、受験指導のエキスパートが教えます！トクな学校、ラクなルート、リスクのない選択を。

第二の地球が見つかる日
――太陽系外惑星への挑戦――
渡部潤一

岩石惑星K2－18b、ハビタブル・ゾーンに入る3つの惑星を持つ、恒星トラピスト1など、次々と発見されつつある、第二の地球候補。天文学の最先端情報をもとにして、今、最も注目を集める赤色矮星の研究を中心に、宇宙の広がりを分かりやすく解説。

俳句は入門できる
長嶋 有

なぜ、俳句は大のオトナを変えるのか⁉「いつからでも入門できる」「俳句は打球、句会が野球」「この世に傍点をふるようによむ」――俳句でしかたどりつけない人生の深淵を見に行こう。芥川賞&大江賞作家で俳人の著者が放つ、スリリングな入門書。

タカラヅカの謎
300万人を魅了する歌劇団の真実
森下信雄

PRもしないのに連日満員、いまや観客動員が年間300万人を超えた宝塚歌劇団。必勝のビジネスモデルとは何か。なぜ「男役」スターを女性ファンが支えるのか。ファンクラブの実態は？ 歌劇団の元総支配人が五つの謎を解き隆盛の真実に迫る。

安倍晋三と社会主義
アベノミクスは日本に何をもたらしたか

鯨岡 仁

異次元の金融緩和、賃上げ要請、コンビニの二四時間営業まで、民間に介入する安倍政権の経済政策は「社会主義」的だ。その経済思想を、満州国の計画経済を主導し、社会主義者と親交があった岸信介からの歴史文脈で読み解き、安倍以後の日本経済の未来を予測する。

資産寿命
人生100年時代の「お金の長寿術」

大江英樹

年金不安に負けない、資産を〝長生き〟させる方法を伝授。老後のお金は、まずは現状診断・収支把握・寿命予測をおこない、その上で、自分に合った延命法を実践することが大切。証券マンとして40年近く勤めた著者が、豊富な実例を交えて解説する。

かんぽ崩壊

朝日新聞経済部

朝日新聞で話題沸騰！「かんぽ生命 不適切販売」の一連の報道を書籍化。高齢客をゆるキャラ呼ばわり、偽造、恫喝……驚愕の販売手法はなぜ蔓延したのか。過剰なノルマ、自爆営業に押しつぶされる郵便局員の実態に迫り、崩壊寸前の「郵政」の今に切り込む。

ゆかいな珍名踏切

今尾恵介

踏切には名前がある。それも実に適当に名づけられている。「畑道踏切」と安易なヤツもあれば「勝負踏切」「天皇様踏切」「パーマ踏切」「爆発踏切」などの謎めいたモノも。踏切の名称に惹かれて何十年の、「踏切名称マニア」が現地を訪れ、その由来を解き明かす。

朝日新書

閉ざされた扉をこじ開ける
排除と貧困に抗うソーシャルアクション

稲葉 剛

25年にわたり、3000人以上のホームレスの生活保護申請に立ち合うなど貧困問題に取り組む著者は、住宅確保ができずに路上生活から死に至る例を数限りなく見てきた。支援・相談の現場経験から、2020以後の不寛容社会・日本に警鐘を鳴らす。

患者になった名医たちの選択

塚﨑朝子

がん、脳卒中からアルコール依存症まで、重い病気にかかった名医たちが選んだ「病気との向き合い方」。名医たちの闘病法に必ず読者が「これだ!」と思う療養のヒントがある。帚木蓬生氏(精神科)や『「空腹」こそ最強のクスリ』の青木厚氏も登場。

50代から心を整える技術
自衛隊メンタル教官が教える

下園壮太

老後の最大の資産は「お金」より「メンタル」。気力、体力、脳力が衰えるなか、「定年」によって社会での役割も減少します。「柔軟な心」で環境の変化と自身の老化と向き合い、新たな生き方を見つける方法を実践的にやさしく教えます。

江戸とアバター
私たちの内なるダイバーシティ

池上英子
田中優子

武士も町人も一緒になって遊んでいた江戸文化。それはダイバーシティ(多様性)そのもので、一人が何役も「アバター」を演じる落語にその姿を見る。今アメリカで議論される「パブリック圏」をひいて、日本人が本来持つしなやかな生き方をさぐる。

不安定化する世界
何が終わり、何が変わったのか

藤原帰一

核廃絶の道が遠ざかり「新冷戦」の兆しに包まれた不穏な世界。民主主義と資本主義の矛盾が噴出する国際情勢をどう読み解けばいいのか。米中貿易摩擦、香港問題、中台関係、IS拡散、反・移民難民、ポピュリズムの世界的潮流などを分析。

モチベーション下げマンとの戦い方

西野一輝

細かいミスを執拗に指摘してくる人、嫉妬で無駄に攻撃してくる人、意欲が低い人……。こんな「モチベーション下げマン」が紛れ込んでいるだけで、情熱は大きく削がれてしまう。再びやる気を取り戻し、最後まで目的を達成させる方法を伝授。